ISBN 957-19-1484-3 (精裝)
ISBN 957-19-1485-1 (平裝)

序

《蘇東劇變與兩岸互動》與《自由憲政與民主轉型》這兩本書，是過去五年間作者相關之政論文章的結集。其中討論之主題十分廣泛，將其整合之後，包括下列兩項主題：

第一，臺灣地區在威權解體，民主轉型過程中出現的憲政爭議、獨立訴求、抗議運動與體制危機。作者企望透過對自由憲政主義原則的反思，將上述各種問題做逐一的分析，藉以彰顯民主、法制與自由主義原則的重要性與迫切性。唯有堅持自由主義與憲政主義的立場，揚棄民粹主義與解放論的執迷，臺灣才可能突破民主轉型的瓶頸，走向穩定的自由民主體制。

第二，針對蘇聯、東歐與中國大陸近年來的劇變歷程，提出時事性的個別分析。作者企望透過個別的案例與事象，檢討在這些共黨或前共黨地區，複雜的民族關係、經社背景、歷史傳承與發展現狀，並特就其中與臺灣發展問題相關的內涵，做一比較分析，藉以供國人做進一步的反省。

由於上述兩項主題牽涉殊廣，而各篇文字均係刊載於報章雜誌上的短論，因此各文之間難免論點重複，或語焉未詳，但作者多以存實方式載於本書中，做為一項歷史性的見證。所幸作者近日另將一些篇幅較長的專文，另行編為專著出版，或可藉此分析一些更為深入而具體的大問題，以供海內外方家賜正。對於這兩本歷史紀錄的小書，則留給自己，也奉獻給同道們，做為一項參考，略盡多年筆耕的心意。

周陽山　謹序
民國八十二年三月於臺北

蘇東劇變與兩岸互動

目錄

第一篇

蘇聯與東歐

一、戈巴契夫、葉爾欽與蘇聯解體

蘇聯的情勢十分艱危

民國八十年二月九日

蘇共中央在上月底集會，討論當前蘇聯「分離主義」的情勢，結果在本月初發出警訊，指出目前蘇聯已陷入危機之中，情況十分危急。這份聲明並且斥責各加盟共和國內部的獨立風潮是「民族主義式的極權主義」。蘇共中央並且表示，雖然他們對上月份波羅的海地區的死難事件表示哀悼，但也指責此一不幸事件的肇因者，實係當地的「分離主義」。換言之，蘇共有意將目前的動亂歸咎於「分離主義」風潮。

誠然，「分離主義」的確是蘇聯當前危機的一項重要根源，但卻不是唯一原因。其他的重要原因還包括：

（一）戈巴契夫個人改革政策的錯誤。過去五年間，戈巴契夫雖然不斷鼓吹「開放」與「重建」的口號，但在實際政策上，卻始終未能提出一套有效的經濟改革方案。因此「改革」終究是雷聲大，雨點小，口惠而實不至。結果則造成民怨四起，對改革再也無法寄與厚望。

（二）軍方及情治系統爲了己身的利益而不肯改革與放權。在蘇聯這種依賴「槍桿子抓政權」的國家，情況十分嚴重。在過去一段時間裏，戈巴契夫自毀和平形象，對波羅的海三小國採取血腥制裁，就是爲了安撫強硬派的軍特勢力，並鞏固己身權位，而採取的殘酷措施。這不但透露了共產極權的眞正本質，也充分說明共黨政權改革的嚴重局限。

（三）各加盟共和國內部的民族傾軋。各加盟共和國的獨立風潮雖然是以「反俄」或「排俄」爲其主要內涵，但另一方面，卻也蘊涵著另一層複雜的「地區性民族主義」，意卽當地的少數民族反對主體民族的第二重獨立或分離風潮。譬如在拉脫維亞共和國境內，拉脫維亞人（約佔全國人口之半）主張脫離蘇聯，但該國境內的俄裔人士或白俄羅斯裔人士，卻也想自拉脫維亞中獨立而出。另外，像是在摩達維亞共和國境內，居人口多數的羅馬尼亞人固然想脫離蘇聯而獨立，但該國境內的少數民族土耳其裔人士與俄羅斯人、烏克蘭人，卻也想脫離摩達維亞而獨立。這種「雙重獨立訴求」，也是造成蘇聯境內種族衝突的另一原因。

（四）各加盟共和國內的親俄人士，也對當地的安定構成威脅。這些親俄人士，多係俄羅斯人或強硬的共黨人士，他們深恐獨立訴求會威脅到自己的利益與地位，因此採取激進立場，力主蘇共中央採取鎭壓措施。例如上月間蘇軍攻擊立陶宛首府維爾拿的電視臺，打死十三名平民的慘劇，就是當地極端派組織「救國委員會」力主的強硬行動。此一組織並力圖接管蘇聯政府，控制克里姆林宮，並取消蘇聯國會、政黨、新聞自由及總統職位，對於和平解決蘇聯當前危機，也構成嚴重的負擔。

基於以上的四重因素，我們認為蘇聯當前的局勢的確是十分艱危的。目前戈巴契夫正極力掙扎，試圖以下（三）月十七日的一項公民複決，挽救蘇聯的命運。戈巴契夫已在日前發表演說，宣佈他將不惜任何代價，維繫蘇聯領土完整。因此，在下月中的公民複決，將決定是否能以各共和國權利均等的新型態，建立新的聯邦體制，如果投票的結果是否定的話，戈巴契夫個人權位也就岌岌可危了。

從以上的分析我們不難了解，未來一個多月蘇聯情勢的發展，將是蘇聯這一龐大帝國的生死關頭。如果戈巴契夫失敗的話，蘇聯的分崩離析，動盪分裂，勢不可免。如果成功的話，戈巴契夫將著手另一次聯邦體制的重建工程。無論成敗如何，可以確定的是，這將是在持續影響性最為深重的一項重大變局，也是共產主義政權在本世紀末所面臨的最嚴重挑戰！

蘇聯公民複決的關鍵意義

民國八十年三月十七日

蘇聯即將在本週日就聯邦體制進行公民投票，這是繼去年十二月十八日蘇聯人代會上戈巴契夫所提出之聯邦體制的提議之後，所進行的一項全民公決。基於這項提議，一項新的主權共和國聯邦體制，將成爲日後蘇聯的改革依據。其中主要的內涵是賦予各加盟共和國更大的自主權限，同時，也允許加盟共和國與外國建交並發展具有本國特色的政治制度。

根據這項主權共和國的擬議，蘇聯今後將可能創造出一種獨特的聯邦體制，既不同於目前實施於美國、德國及其他聯邦國家的聯邦制，也不同於美國立國之初的邦聯制。首先，這些加盟共和國將仍然擁有外交、內政及大部分財政上的自主權。因此，這些國家將可個別加入國際組織並與各國建交，這是與聯邦制不同之處。但是另一方面，在蘇聯新擬議的聯邦體制下，聯邦政府亦即莫斯科當局卻擁有遠超過邦聯國家爲大的權力。其中包括國防、預算、運輸系統、生態、環保以及制憲等權。因此，新的主權共和國聯邦，事實上是介於聯邦制與邦聯制之間。

表面看來，雖然各加盟共和國依法可以自由退盟，但是實際上由於聯邦政府掌握了國防與軍權，以及部分的財政及預算權，所以實際上要脫離聯邦，必然是極爲困難的。更重要的是，目前還增加了一項退盟的限制條款，脫離聯邦不但需要各加盟共和國內部三分之二民衆的贊成，而且還要依行「國家分離法」經過五年的轉移期限，才能眞正脫離蘇聯。無怪乎到目前爲止，在十五個加盟共和國中，仍有六個表示反對參與此次投票，亦即完全不承認蘇聯統制的有效性及合法性。對於戈巴契夫而言，這當然是嚴重的隱憂。

但是，戈巴契夫運用公民投票來重新獲取自己的政治資本，確是在目前這個階段不得已的必要作法。因爲在四面楚歌的今天，唯有把聯邦體制的存廢這樣重大的問題，直接攤牌在蘇聯民衆的眼前，才能突顯蘇聯當前問題的危急性，以及戈巴契夫個人角色的重要性。因爲不管是強硬保守派或是激進改革派，都可能會爲蘇聯帶來更大的災難，甚至加速蘇聯帝國的崩潰。相較之下，戈巴契夫的審慎改革以及力挽狂瀾，挽救蘇聯聯邦體制的決心，可能還會得到蘇聯民衆更大的同情。因此，戈巴契夫此次面臨的考驗雖然甚爲艱鉅，但勝算仍然相當大。譬如，在強烈要求改革的列寧格勒市，就有八成八的民衆表示贊同；另外民意調查也顯示，在俄羅斯有將近七成的民衆贊成此一改革方案。因此，卽使有六個加盟共和國抵制，但由於這些地區的人口較少，而且，至今仍在蘇軍的控制之下，因此，他們的抵制與抗拒，並不一定就能奏效，最後則很可能是居多數的俄羅斯人，基於俄羅斯民族主義的考慮下，仍然站在戈巴契夫這一邊。

當然，民意的動向畢竟是變動不定的，而民意調查的可靠性也不一定百分之百正確。因此，本週日的公民投票，仍然是對目前已走在十字路口的戈巴契夫以及全蘇聯的人民最重要的一項挑戰與考驗。

蘇聯體制危機的死結難解

民國八十年三月十八日

根據新聞報導，蘇聯公民投票的初步統計結果，是投票率高達七、八成，而支持「主權共和國」改革方案的民意亦居多數，換言之，戈巴契夫終於又通過一次民意的考驗。可是，他們面臨的政治危機卻並未因此而解消，蘇聯聯邦體制的未來命運，也並不因此而告底定。

在此次投票過程中，蘇聯許多地方傳出了選舉舞弊，一票兩投及軍方操縱選舉等情事，這顯示蘇共及軍方深恐「民心可畏」，不得不「製造民意」，以擴大投票中的支持比例。但是這種作法卻也正好凸顯了蘇聯問題的嚴重性與複雜性。

首先，是民族分離的風潮已無法遏止。即使這次投票是戈巴契夫獲勝，「主權共和國」方案獲得肯定，但是拒絕投票的六個共和國，仍將走向完全獨立之路。在今年初，戈巴契夫及蘇共中央已經以武力向波羅的海地區進行制裁，但絲毫不能動搖當地人民的獨立意願。投票過後，難道有更好的解決方案遏止這些地區的獨立趨勢嗎？更重要的是，波灣戰爭業已結束，歐美各國同情獨立的民意不斷增加，如果蘇共中央下一回再採取武力鎮壓行動，西方各國就不一定會再袖手旁觀了。

其次，是俄羅斯、烏克蘭等主體的共和國內的反對聲浪，已對戈巴契夫的威信造成沈重打擊，美國方面已有預言，戈氏勢將在一年內下臺。不管取而代之的是強硬派的領導人或激進改革派的領袖（如葉爾欽），均將使蘇聯的局面更加惡化，並導致更嚴重的分裂危機。因為不管是強硬派的強勢鎮壓異議行動，或激進改革派力主的市場經濟（將導致嚴重失業率和各共和國間的貧富差距），均可能會擴大矛盾，並衍發階級及民族鬪爭。因此，戈巴契夫個人倒臺事小，蘇聯內部矛盾的擴大，才是更嚴重的危機。

因此，戈巴契夫所推動的改革方案雖然可能得到肯定，但蘇聯的體制危機，卻不可能在短期內得到眞正的解決。

正視蘇聯公民投票顯示的蘇聯危機

民國八十年三月二十日

本月十七日，蘇聯舉行了一次前所未有的公民投票，以決定是否贊成將蘇聯原有蘇維埃社會主義共和國聯邦，改制為主權共和國聯邦。戈巴契夫希望，經由這項公民投票對新聯邦體制的支持，把蘇聯原有各共和國團結在一個新的合作基礎之上，以解決分裂與獨立的危機。而這項新聯邦體制，一面既放棄原有的社會主義及蘇維埃專政體制，另一面又把大部分權力分散於各共和國，使之具有主權國身分，想來各共和國樂於接受這種新的體制，應該是沒有問題的。可是，事實並不盡然。

原因是，波羅的海三國、喬治亞、亞美尼亞，以及二次戰後才從羅馬尼亞分出而成立的摩達維亞，它們所要求的，則是完全脫離蘇聯而獨立，而不想仍屬蘇聯一份子。這當中喬治亞與亞美尼亞的問題比較簡單，可經由某種政治協調獲求解決，而波羅的海三國及摩達維亞，則獨立意志強烈，對蘇惡感深沉，絕不是這種半獨立的辦法所能輕易動搖的。可是在這些共和國內部，也都有程度不等的俄羅斯裔及其他族裔的少數民族，而這些少數民族卻又反對各共和國的分裂獨立，而極力主張繼續留於蘇聯之內的。於是便形成了獨立中鬧獨立，分裂中再分裂的複雜局面。因此，在蘇聯這次全民投票之前，上述六者中若干共和國，已舉辦過自己的單獨公民投票，表明其脫離蘇聯而選擇獨立的決心。可是當時俄羅斯裔及其他族裔的少數民族，則並不支持它們的這種單獨投票，卻踴躍參加了十七日的公民投票。所以上次它們的單獨投票，支持獨立者雖維絕大多數，但既未取得法律的認可，亦未取得當地少數民族的同意。而對這次的公民投票，它們雖採取完全抵制的態度，但也無法構成已脫離蘇聯而獨立的事實。

由於蘇聯地域遼闊，交通不便，又兼蘇聯各地仍以人工計算選票，所以這次投票的最後結果，尚待一段時日才能完全揭曉。不過從各地初步計票情況來看，這項新聯邦體制，將以過半數的稍許多數獲得通過，當是不成問題的。尤其中亞各回教共和國，及俄羅斯共和國的亞洲地區，一般選民更支持戈巴契夫的改革方案。但不論其所獲支持多大，只要多數民意通過這項新聯邦體制，則蘇聯中央就將以這項投票結果作依據，而把這項聯邦體制施行於全蘇聯。在這種情況下，上述六共和國，特別是波羅的海三國及摩達維亞，若仍堅持要求獨立，即將以這項新聯邦體制下的程序作處理，訴諸於全國人代會及最高蘇維埃的絕大多數通過，及當地選民的另一次複決。而在這種過程中所採任何程序，又勢將都要受到各共和國內當地少數民族的最強烈抵制與反對。

所以蘇聯這次公民投票的結果，一面顯得並無大用，要求獨立者將依然堅持其要求，而另一面則等於予聯邦中央以新的授權，將依這項新體制下的權力，而施壓於各共和國。各共和國雖以這項新聯邦體制，而獲得較前更多的權力，而聯邦中央則依然擁有很大的權力。尤其保持軍隊與維護國家基本安全的權力，將使聯邦中央依然凌駕於各共和國，使各共和國的獨立，幾乎變成爲不可能。

對戈巴契夫個人來說，這次公民投票結果，實在可說是一種挫折。戈巴契夫原希望，以這次公民投票的輝煌勝利，來擴大其聲望，增強其政治地位，以對付分裂派及左右兩翼的攻擊。可是這次公民投票，只是勉強過關，維持了新聯邦體制的成立，但毫無助於他個人的聲望，也削弱了他對左右兩翼政敵的對抗力量。現在一項最大的考驗，就在他對俄羅斯共和國主席葉爾欽間的全面抗爭。若這項抗爭的結果，他能仍舊獲居上風，而把葉爾欽完全壓下去，他仍可望繼續領導蘇聯。若不幸在這項抗爭中宣告敗退，他勢必就要被淘汰，而由其他更強力人物取而代之。總之，戈巴契夫今後日子，似乎愈來愈不好過。

但是，就外人看來，戈巴契夫的改革方案卻仍是在軍方保守強硬勢力與激進改革派之間，較佳的一項選擇。因爲如果一旦這其他二者之一上臺，蘇聯的情況將更爲惡化，不是以鐵血武力強硬鎮壓反對勢力與民族運動，就是加速蘇聯的分裂步調，造成內戰危局。今天蘇聯變局的眞正關鍵是極權解體，一切被壓制的問題在短期間全部爆發，在強人不再、權威斲傷的處境下，任何人恐怕都不易從根本解決這些歷史遺留的困題。因此，戈巴契夫雖然很可能會在短期間失勢，但他至少還是一個深知權力平衡，努力於漸進改革的悲劇英雄。至於其他隨意開支票說大話的激進改革者，可能就更難穩住局面。

在蘇聯舉行投票的同時，同樣爲多民族國家的南斯拉夫，面臨了四十餘年來最嚴重的內戰危機，今天的南斯拉夫，會不會正是明日的蘇聯？明日的蘇聯，是否也將在內戰的邊緣，武力相向，民族交惡，這不只是當前蘇聯人民的最嚴重的考驗，也是世人應密切注視的形勢演變，過去的蘇聯帝國固然可怕，但是分裂而動亂的蘇聯，對於歐洲乃至於整個世界的和平，也是潛在的危機。

戈巴契夫前景黯淡

民國八十年三月二十日

戈巴契夫此次在公民投票中獲得勝利，並不令人意外，而且戈巴契夫所獲得的支持，仍屬有限而非壓倒性的；因此，此次投票固然可以視爲戈氏的一項勝利，而「主權共和國聯邦」的擬議也可付諸實施，但所有蘇聯目前面對的問題卻仍然存在，等待逐項解決，這些至少包括：

一、六個拒絕參與投票的加盟共和國堅持獨立，蘇共中央將採何種態度？其中尤其以今年一月間受到武力鎭壓但仍不屈服的波羅的海三小國以及民族問題極爲複雜的外高加索區共和國，問題最爲棘手。戈巴契夫如仍採取強力鎭壓措施，勢必在國際間引起強烈反彈，但若缺乏有效對策，又如何能保證新的聯邦制能得以有效運作？這的確是戈氏本人嚴重的困境與考驗。

二、葉爾欽個人所提的俄羅斯共和國總統（卽共和國主席）民選方案，亦已在此次投票中獲得通過，如此一方案很快付諸施行，則因戈氏的總統職位是由蘇聯人代會間接選出，而俄羅斯人口又居全蘇聯人口之半，故一旦葉氏當選俄羅斯民選總統，他所肩負的民意和羣衆基礎就比戈氏更爲堅強，因此來自葉氏個人的挑戰勢將對聲望日低的戈巴契夫形成新的壓力，但也會迫使戈氏採取更為廣泛的自由化措施，並推動較為激進的民主改革。」

三、但是激進的民主改革卻會造成戈巴契夫與情治單位等保守力量的摩擦，並引發新的政治危機。而廣泛的自由化改革也會造成新的經濟風暴，這也是戈氏目前所面臨的第三大挑戰。依據蘇聯中央的計畫，將在短期內實施物價自由化，物價至少將因此攀升百分之六十。這勢將造成蘇聯人民囤積生活物資形成經濟恐慌，使對改革失望的民衆更加抱怨經濟自由化的苦果。

由此看來，戈氏雖暫時得勝，但面臨的所有困難基本上並未解決，蘇聯改革的遠景，還是不容樂估的。

公民複決之後的蘇聯政局

民國八十年三月二十日

蘇聯在本月十七日舉行公民投票，就戈巴契夫的「主權共和國」方案進行表決，投票的結果已初步揭曉，戈巴契夫顯然已獲得勝利，維持聯邦制的主張也已獲得肯定。但是另一方面，戈氏的主要政敵，俄羅斯共和國主席葉爾欽提議由直選產生「強勢的俄羅斯總統」的提議，也獲得了大多數選民的肯認。因此，此次投票對兩人而言均有斬獲。但是政爭的局面以及加盟共和國的獨立風潮，卻未能因此次投票而得以解決。

在此次投票過程中，主張獨立的愛沙尼亞、拉脫維亞、立陶宛、摩達維亞、喬治亞和亞美尼亞等六個共和國，均拒絕參與公民複決，以示對蘇聯中央的棄絕態度。雖然駐在當地的紅軍基地設有投票所，但投票率甚低，未達到有效投票所需的百分之五十比率，因此仍視為無效。現在，戈巴契夫在蘇聯全境的投票中獲勝，這是否意味著他將對這六個力主獨立的共和國採取鎮壓措施，這無疑是公民複決結束後的第一項問題，同時也是另一次民族對立的警訊。

今年一月間，戈巴契夫即已在波羅的海地區施行過鎮壓，並聽任紅軍對當地民衆肆虐，國際媒體均將此種作法比擬爲另一次「天安門事件」，但卻因當時西方國家均忙於波灣局勢，無暇他顧，使波羅的海三小國人民淪爲「國際孤兒」。但是，兩個月來，國際情勢已有新的變化，波灣戰爭既已結束，而國際間聲援波羅的海三小國的聲勢亦自漸壯大，同時歐美各國亦對戈巴契夫的權力基礎不表樂觀，認爲他很可能在一年內下臺。因此，如果戈巴契夫還想故技重施，就很可能會激起國際民主力量的激憤了。

基於此，戈巴契夫雖然因投票獲勝而暫時鞏固住聯邦制，但六個堅持獨立的小國，卻是頗難對付的。而各地的民族紛爭，更有其長遠背景，絕不會因爲投票結果而獲得改善，這也是戈巴契夫必須面對的重大難題。

戈巴契夫面臨的第二大困境，是他的政敵葉爾欽。由於葉爾欽提議在俄羅斯設置「強勢總統」一事已獲肯定，因此相對於由議會間接選舉而上臺的戈巴契夫，葉爾欽今後很可能肩負更爲堅實的民意。

俄羅斯共和國是蘇聯境內第一大共和國，人口居蘇聯全境之半，如果葉爾欽在短期之內藉民選而當選共和國主席，則他所代表的民意與合法地位，勢將超越由人民代表大會間接選出的聯邦總統戈巴契夫，同時也會以更激進的改革方案，迫使戈氏在改革政策上對既得利益的官僚階層，採取較大的制裁措施。在這樣的處境下，戈巴契夫處於「強硬保守派」與「激進改革派」之間的尷尬角色，將更爲困難，同時也可能因爲兩面不討好，而使改革措施，更不易推展。

戈巴契夫面臨的第三項問題，是經濟危機的持續惡化。最近蘇聯的礦工罷工，已對鋼鐵工業造成嚴重影響。戈巴契夫日前接見一批經濟專家時指出，蘇聯石油輸出已從目標的一億兩千五百萬噸降爲六千萬噸，換言之，低於目標數額達一半之鉅。另外，由於各加盟共和國各自爲政，人民生產意願大減，今年一、二月的生產量已下降百分之四點五。據預估，今年整體生產量可能會減少達百分之十五。

但是，在經濟生產指標不斷下挫之際，新上任的蘇聯總理帕夫洛夫卻指出，政府將推動許多日用品的物價自由化。換言之，物價將大幅攀升，漲幅可能高達百分之六十。這將使生活日益困頓的蘇聯人民「雪上加霜」，如果這項措施在短期內變成事實，可能又要掀起經濟風暴和人民的抗議示威了。

總之，蘇聯當前的問題是幾乎無法善解的。其中的關鍵因素是：共產極權的統治權威業已崩潰，但專政機器卻仍然存在，並且繼續以公安武力蠶食極爲有限的資源，並迫使主政者無法放手改革。而幾十年來因極權統治而無法伸張的民族對立、生產效率、軍民矛盾等嚴重問題，又在專制鬆動之餘一併爆發，並持續惡化，造成各種「極權解體併發症」。而戈巴契夫目前正是面對著這些千頭萬緒、難以化解的困局，徒有改革之心，卻拿不出眞正有效的解決辦法。因此，儘管戈巴契夫再一次的通過了民意的考驗，但前途仍多艱。

蘇共站在改革關口

民國八十年七月二十六日

蘇共中央此刻正在召開中全會，決定是否要對黨綱及黨的意識形態進行根本的改革。根據戈巴契夫的改革方案，蘇共將進行一項全新的整體變革，內涵包括：

第一，揚棄馬克思—列寧主義（亦即「科學社會主義」或「國家社會主義」的實際內容）的主導性角色。強調馬—列主義只是衆多社會主義思潮之一，而主張走向人性的社會民主主義。

第二，接納自由經濟與市場經濟，並採取公有制（國營制）與自由經濟並存的混合經濟。對西方經濟體制也採取開放態度。

第三，不再擔任國際共產主義的核心任務，亦即揚棄社會主義「老大哥」的角色，而且不再成爲第三世界共產革命的推動者，蘇共在國際共運中的主導角色將告一終結。

第四，強調「消費者」福利爲導向，而不再局限於「生產者」的任務。換言之，史達林主義經濟的「重重輕輕」（重視重工業，輕視輕工業與民生工業）的原則，將全盤揚棄。

如果戈巴契夫的改革綱領能夠成功的爲蘇共中全會接受，這將意味著戈巴契夫的經濟改革計畫將正式上場。這也顯示戈巴契夫在過去一年多徘徊於激進改革派與強硬保守派之間的困境，終於有了新的轉機。但是根據中全會中的派系勢力分布狀況看來，戈巴契夫卻不一定能篤定獲勝。如果失敗的話，他的總書記一職將岌岌可危。如果勝利的話，蘇共就可能會發生分裂，由戈巴契夫所控制的這一系，勢將偏離列寧主義與史達林主義的傳統，往民主社會主義的改革道路前進。

戈巴契夫失勢與蘇聯政局

民國八十年八月二十日

戈巴契夫在世人驚愕之中，以健康理由被迫下野，不但爲蘇聯政局帶來了動盪不安，同時也爲後冷戰時期的國際情勢帶來了重大的變數。簡而言之，戈巴契夫的失勢是今年國際上的一大事件，而造成此一失勢的直接成因有下列幾項：

一、即將簽署的新聯邦條約，使得蘇聯中央失去了直接徵稅的權利，同時也使蘇聯的中央財政及幣制瀕臨危境。此一財政性的理由，是導致戈巴契夫在此時匆促下臺的重要原因。

二、俄羅斯領袖葉爾欽宣佈將禁止共黨在俄羅斯境內公開活動，並一意孤行，而戈巴契夫卻無具體的反制之道，引起蘇聯軍方國安會及共黨人員的強烈不滿，認爲戈巴契夫無法顧及共黨及情治單位的基本權益，乃決議將其除去。

三、蘇共改革派執意成立新黨，蘇共中央除了不予承認外，並無積極的對應之道，導致強硬派的不滿，認爲惟有採取整肅領導班子的作法，才能重新鞏固蘇共的權威，免於黨內分裂的危局。

四、蘇聯各加盟共和國目前已陷入分崩離析之境，而葉爾欽領導的俄羅斯更將使蘇共權威一落千丈，爲了挽救聯邦體系，使各加盟共和國不致分離而對抗，蘇共乃決議整肅領導班子，藉以使蘇共此一大帝國免於崩潰。

但是，替換戈巴契夫之舉卻可能有各種不同的結果，而不一定如強硬派所期許，整肅激進改革力量，或者使蘇聯重歸爲一極權帝國。依目前的發展情況分析，未來的情勢演變應有下列幾種可能：

一、改革政策全盤倒退，改革派領導一舉成擒，包括葉爾欽、謝瓦納澤等人均置身囹圄，這也就意味蘇共強硬派的全面復辟。

二、溫和派領導人掌握政局，繼續持續戈巴契夫的對外政策，對歐美親善，對東歐變局樂觀其成；但對蘇聯內部則採取強硬保守政策，尤其是對俄羅斯當局及要求獨立的各加盟共和國，採取強硬制裁政策。

三、在短期的政局不穩後，保守派與溫和改革派取得默契，以國家安全及社會治安爲優先考慮，同時，以聯邦主義原則，容許擴大各加盟共和國的職權，並透過協商方式，擴大各地區的自主權限，但揚棄獨立之舉。在此一情況下，蘇聯當前的危機將可度過，國內政局也不致太過紊亂。

當然，在上述三種可能之外，還有一種較低的可能是，在各方領導人都無法安撫亂局之際，基於國際因素的考量，將戈巴契夫重新擡出；但僅做爲一儀式性之元首，藉以平撫可能變動的國際局勢。但無論如何，蘇聯政局未來幾天的發展，才是未來情勢變動的眞正成因，其中變數殊多，對於國際均勢影響極大，仍有待吾人細察。

戈巴契夫重掌政權後面臨的困局

民國八十年八月二十一日

蘇聯總統戈巴契夫經過了四天流產的政變後，業已安返莫斯科，並重掌政權，復行視事。此一戲劇性的變化，誠如戈巴契夫自己所說，要歸功於蘇聯「全國民主力量的有力行動」。換言之，是「人民的力量」獲勝了。強硬保守派的瓦解與八位政變首腦的被捕，則更意味著蘇聯民主改革的大方向，是不易扭轉的。

但是，此次流產的政變卻也充分體現蘇聯政局的嚴重危機，以及戈巴契夫個人面臨的領導問題。由此次參與叛變的政變領袖名單看來，幾乎均是戈氏身邊的親信。雖然其結果證明是「親叛而衆未離」，但戈氏個人處境的艱危，亦可由此看出。

可是，若更進一層分析，我們當可了解，戈巴契夫個人的權位或可保住，甚至可能會因政變發生而受到西方列強的熱心支持，但他過去所面臨的問題，卻完全不因政變的流產而得到絲毫的解決，而且他的主要政敵葉爾欽在此次事變之後，聲望及權力大漲，蘇聯人民且有要求戈巴契夫辭職的呼聲，對戈氏亦形成新的威脅。因之，如何妥愼處理彼此關係，以及蘇聯中央與俄羅斯共和國間的關係，恐係戈氏當前面臨的一項主要問題。

除了上述的問題外，戈巴契夫及葉爾欽等人，還面臨著下列各項基本課題：

㈠民族問題。在過去五、六年的開放政策下，蘇聯極權體制全面鬆動，但直接帶來的影響，則是各地的民族紛爭和獨立風潮。其中尤以波羅的海三國、外高加索區三國和摩達維亞、西烏克蘭等地，最為嚴重。在此次事變中，波羅的海三國趁勢宣布獨立，如果蘇聯領導階層無法妥善處理此一問題，則各加盟共和國的獨立趨勢，將不易避免，而民族紛爭問題，也將日趨惡化。

㈡經濟問題。在過去一、兩年中，由於政治結構鬆動，共黨權威一落千丈，蘇聯的工業成長指數不漲反跌，而農產品又發生歉收及運輸工具不足等問題，造成糧食供應不足，黑市猖獗的現象。蘇聯民衆鎮日為生活必需品排隊操勞，已到了怨聲載道的地步。但是在過去一年多來，戈巴契夫不斷更改經濟計畫，卻始終提不出一套好的解決辦法。而葉爾欽所鍾愛的激進經改計畫，則將帶來蘇聯社會的劇變，並帶來嚴重的失業問題。但是，如果戈、葉兩氏均無法解決經改問題，則「人民的勝利」的蜜月期勢將迅速結束，而像目前非律賓的艾奎諾夫人政權一樣，重新面對著巨潮般的民怒民怨。

㈢聯邦問題。造成此次政變的原因之一，是軍方、情治當局和強硬保守派領導人強烈不滿「新聯邦條約」，認為此一條約將造成蘇聯中央權力一落千丈，並造成嚴重的財政危機。除此之外，當蘇聯中央失去財經大權後，蘇聯各地區將因資源及人力差異，而陷入嚴重的貧富差距之中，尤其是中亞五個共和國，更將面臨著惡劣的經濟困頓局面。因此，戈氏復權之後，必須審慎思考擬議中的「主權共和國聯邦」體制的各項問題，否則，不僅蘇聯中央權威盡失，而且貧困落後的加盟共和國，更將集體出走，造成蘇聯帝國的解體。

㈣共黨問題。除了「新聯邦條約」外，引發政變的另一主要原因，是葉爾欽下令共黨不得在俄羅斯境內的工作場合中活動，換言之，將使列寧主義的黨國霸權在一夕間一落千丈，這種激烈的改革行動，是共黨領導人絕對無法忍受的。但是，現在戈巴契夫復出了，葉爾欽個人聲望又是如日中天，共黨地位問題勢將再度引發爭議，而如何能在協商、妥協的民主過程中解決此一難題，並且避免共黨人士的再度反彈，就成爲另一艱難課題了。

㈤軍人問題。蘇聯本身是一幅員廣大的國度，且有長期的帝國擴張歷史，基於國家安全及內部安定的考量，必須維持龐大的軍事及情治力量。目前國安會、內政部、國防部和軍方雖因民主改革及政變失敗，而不得不削減權力，但如何滿足他們的最低需求，維持其基本權益，卻是絕對不容忽略的。但是最近蘇軍自東歐撤回國後，卻面臨無屋可居、無處可走的復員及安頓問題，軍方的強烈不滿，是可想而知的。但是葉爾欽卻顯然不準備妥善處理此一問題，戈巴契夫現在則必須重新面對這一問題，否則軍心不穩，政局也不可能重歸平靜。

由上述的分析可知，戈巴契夫今天的處境，正如走鋼絲的空中飛人，雖然一不小心滑落了，但在觀衆的大力支持下，立刻又爬了起來。可是，他畢竟仍然是走在鋼絲的原點上，也仍然面對著複雜而艱難的前景。除非是西方各國大力的給予支援，而國內的改革力量亦全心配合，否則戈巴契夫重掌政局之後的蘇聯，仍將是充斥著動亂的危機。

多艱的蘇聯民主前景

民國八十年八月二十四日

在短短的三天政變之後，蘇聯政變領袖發生內鬨分裂，軍方亦對政變行動不表支持。在強大的民意及國際輿論支應下，戈巴契夫重返莫斯科，並復任蘇聯總統，使蘇聯民主改革中的一支逆流，提前結束，也使民主正義的力量，重現光芒！

但是，戈巴契夫雖已復位，蘇聯的民主改革方向，亦重歸正途，不過蘇聯的民主前景，卻仍是困難重重。綜而言之，蘇聯當前面臨的困難，約有下列各端：

第一，經濟情況惡化，糧食供應不足，生產力大幅下降，消費品嚴重短缺，造成人民生計困頓，生活品質低劣，對改革政策亦頗爲失望。在這樣的處境下，戈巴契夫個人的國內聲望，嚴重滑落。雖然經過了此次流產政變，戈氏的聲望頗爲看漲，但如果不能眞正解決經改困境，則戈氏的地位，仍將不穩，蘇聯的民主前景，亦不容樂估。

第二，葉爾欽個人聲望，在此次事變後已鉅幅上漲，且有凌駕戈巴契夫之勢。但葉氏卻是一位豪放式的民粹型領袖，而非眞正的民主領導人。葉氏所倡導的激進經改計畫，更可能造成俄羅斯境內嚴重的失業及通貨膨脹問題，並使蘇聯境內各加盟共和國間貧富差距擴大。因此，如果葉氏掌握大局，仍然無法解決蘇維埃體制的沈痾，甚至可能因其過激的改革步調，造成改革失利者的嚴重反彈。

第三，蘇聯目前面臨的聯邦體制崩潰危機，因此次政變而有加遽的趨勢。波羅的海三小國已趁機宣布獨立，而西烏克蘭、摩達維亞、亞美尼亞、喬治亞、亞塞拜然及中亞等地的分離主義風潮，也可能益發熾烈。如果戈巴契夫不能有效的應對此一問題，蘇聯帝國崩潰的危機，仍然有一觸即發之勢，甚至可能爆發內戰。

第四，根據戈氏主導的「新聯邦條約」，蘇聯中央權限將大幅度下放給各加盟共和國，甚至喪失直接徵稅之權，而必須從各加盟共和國的稅收中間接抽取。但是，此一條約業已引起蘇聯中央財經官員的強烈不滿，一般咸認此次政變亦與反對此一條約有關。但現在戈氏復位，勢必面臨是否維持此一條約，還是再做修正的兩難局面。戈巴契夫個人的艱難處境，亦可從此看出。

第五，西方各國對蘇聯的經援相當有限，遠不符蘇聯的實際需要。在上月的七國高峰會議中，七國領袖對戈巴契夫的支持實係「口惠而實不至」，現在七國領袖或許會因政變的發生而改變政策，因禍得福，但因各國均有其內部的財經問題，如何才能眞正的給予蘇聯足夠的支援，協助戈氏解決困境，仍是一個不易解決的問題。

第六，在此次政變後，蘇聯中央勢將對政變領導人及軍方、國安會、情治機構大力整頓，但是由於蘇聯本身係一「大帝國」，除非走向解體，否則一定要仰賴軍方及情治單位的保護，才能維持內部安全及國家利益。因此，今後如何在既整頓卻不擴大打擊面的前提下，解決此一體制性問題，也有賴蘇聯領導人的智慧抉擇。

第七，蘇聯內部種族十分複雜，過去在極權體制下，民族紛爭問題受到壓抑，但經歷自由化改革後，問題已浮上檯面，日趨惡化。不僅各加盟共和國獨立問題讓戈巴契夫焦頭爛額，其他各自治共和國、自治州、自治區的問題，也日益惡化。除非蘇聯各地的領導階層揚棄民族仇恨，基於協商、共和原則戮力解決此一問題，否則蘇聯內部的民族傾軋問題，將無以善解。

第八，在此次政變失敗後，激進改革派聲勢大漲，勢必要求成立新黨，加速民主改革，同時也會進一步威脅到共黨的統治地位。除非戈巴契夫、葉爾欽、謝瓦納澤等原共黨領袖正式放棄列寧主義的「黨國霸權」，並與軍方及情治機構領袖達成共識，使共黨自這些機構中撤離，否則共黨對民主體制的威脅仍是陰魂不散的。

從上述的問題看來，蘇聯的劇變雖然意味著民主改革道路的不可逆轉，但民主的前景卻是不容樂估的。這也益發顯現共產主義的幽靈實在是二十世紀最大的人類禍害，它所殘留的複雜問題，更有待全球的共同努力，方能眞正的斬草除根！

戈巴契夫的另一次賭局

民國八十年八月二十六日

如果戈巴契夫解散共黨此事成爲事實，顯示他已經準備與葉爾欽放手一搏，蘇共未來甚至可能以新的面貌、新的名稱出現，這的確是使共黨獲得新生命的一個有效途徑。

在東歐各國中採取此一方式的先例，包括匈牙利共產黨，雖然匈共在變更黨名與黨組織後，並未成功，甚至失去政權，但蘇聯的情況不可同日而語，蘇共至今仍掌握龐大的政治和社會資源，並依然有效控制著軍方及情報系統，因此蘇共的解散卻很可能是戈巴契夫另一次獲得權力基礎的契機。

但另一方面，解散共產黨的行動卻也是極負風險的，因爲在解散共產黨的過程中，原有黨國體制的正當性及意識型態的優先性，將不復存在，共產黨的資產也可能收歸國有。在這樣的處境下，共產黨的解散，也意謂著戈巴契夫本身可能將一無所有。

不過，戈巴契夫若眞的決定採取解散共黨的激進措施，這就意謂著他已經決定將所有的賭注押出，和葉爾欽的激進改革一較長短。相較之下，葉爾欽的激進改革綱領，也就顯得不夠激進。

但憑良心說，葉、戈兩人在比賽激進的過程中都透露著嚴重的機會主義心態，也將自己的命運和下一波可能再出現的政變或內戰，作殊死的鬪爭，如果這場賭局是激進改革的力量獲勝的話，蘇聯的民主將大幅度前進，但如果失敗的話，蘇聯卻將陷入分崩離析之境，並成爲本世紀末人類的最大浩劫。

民國八十年十二月二十日

戈巴契夫時代的終結

在二十世紀後半葉中，南斯拉夫的狄托和蘇聯的戈巴契夫是兩位頗受國際矚目的共黨改革者。但他們的改革大業卻終究是功敗垂成，而且最後還同樣面臨著國族分裂的危機和民族紛爭的噩運。

就狄托而言，他窮盡個人畢生之力，勉強將二十多個民族的南斯拉夫團結爲一，在東西冷戰對峙的夾縫中求生存，不但成爲國際「不結盟運動」的領航人，也曾爲南斯拉夫開拓出二十餘年開放與改革的好景。但是，狄托死後十一年，他一手開創的多民族協商領導體制功虧一簣，而塞爾維亞又與克羅地亞、斯洛維尼亞展開殘酷的內戰，南斯拉夫目前已經形同分裂，在可預見的將來，終將淪爲歷史的名詞。

與狄托相較，戈巴契夫這位共黨改革家的命運，恐怕就遠爲不幸了。狄托至少還在他有生之日勉力維持了一個統一的南斯拉夫，戈巴契夫卻是親自目睹了改革重任的全盤失敗，同時也眼睜睜的看到蘇聯帝國的崩潰及分裂。在短短的七年之間，世人由改革的憧憬到重建的期待，但是一切的期盼卻終歸幻滅。蘇聯也因爲經改的徹底失敗、民族的分崩離析、政客的離心離德和民怨的深仇似海，而走上了解體崩潰之途。在此一解體的過程中，至少已有切陳、摩達維亞、亞美尼亞、亞塞拜然、喬治亞等地，爆發了南斯拉夫式的民族動亂。而戈巴契夫個人則是孤木難支，更因其不具狄托個人的統御才華及領導權威，最後不但不能力挽狂瀾，解救頹運，而且還被政敵葉爾欽拉下馬，成爲蘇聯的末代國家主席和蘇共的末代總書記！

但是，戈巴契夫個人的失敗與不幸，卻在相當程度上爲自由世界帶來了永不磨滅的具足貢獻。沒有戈巴契夫，東歐的自由化運動及政權轉型恐怕又要拖個好幾年。沒有戈巴契夫，冷戰時代的東西對峙也不會結束得如此快速。沒有戈巴契夫，歐美各國的軍備支出恐怕又得維持著天文數字，並且使惡化的經濟持續的惡化下去！當然，沒有戈巴契夫，兩德的統一，中南半島的和解，以及中美洲的非共化趨勢，都不會來得如此順暢。可是，現在世人卻終要面對一個既無戈巴契夫，也無蘇聯的新景況：新的歐亞國協，終究將走向無政府？還是另一個南斯拉夫？寧或是一個充滿遠景的烏托邦？這勢將成爲二十世紀末人類的新考驗！

可是，如果我們從「後見之明」的角度評論戈巴契夫的功過，下列的斷語或許不是無的放矢：

首先，戈巴契夫是一個浪漫的改革憧憬者，他將改革任務放諸極致，最後則將革命式的標的（例如將共黨與多黨制並存）投諸改革事業上，但其結果則是改革所負荷的任務過鉅，導致目標彼此衝突，改革本身失敗，而蘇聯共黨體制卻被革掉了命，蘇聯的聯邦體制也成爲改革政策下的祭品！

其次，戈巴契夫顯然誤解了改革的步驟及戰略。他在經改未完成，甚至是幾無進展之際，展開大幅度的政改，結果導致人事結構崩潰，使改革事業無法持續進行，更使俄國人民饑寒交迫。

再者，戈氏雖然有改革理念和宣傳策略，但卻缺乏有力的推動班底，再加上戈氏在領導階層的人事整合上一再犯錯，終於造成改革班底棄他而去，並繼而發生今夏的流產政變，使他的聲望及地位一落千丈！

戈巴契夫的失敗，說明了「共黨可以被革命，卻不見容於徹底改革」的深刻道理。但是，他對自由世界的貢獻和推動共黨世界非共化的成就，卻是舉世罕見的。就此而論，他的成就自然是超越了狄托和鄧小平。但是，對俄羅斯及其鄰近各民族而言，戈巴契夫到底是功是過，就要看未來的歐亞國協，是逐漸走向穩定、和平與繁榮，還是演變而爲另一個動亂的南斯拉夫了。

總之，戈巴契夫的時代雖已結束，俄羅斯人民的苦痛才正展開，我們卻已從戈巴契夫個人的身上，看到一位偉大政治家的成就與缺失，以及頃刻間卽將逝去的光芒！俄羅斯人民在本世紀所經歷的榮光、屈辱和歷史曲折，現在尚未告終，而和俄羅斯民族有著同樣曲折及辛酸歷史的中國人，究竟會面臨同樣困惑的未來，還是會有較爲光燦的前景，恐怕也是我們在反省戈巴契夫的教訓中，不能不深思的課題吧！

葉爾欽與俄羅斯的政經危機

民國八十一年一月二十八日

俄羅斯總統葉爾欽，一月廿七日取消了與日本外相渡邊美智雄在莫斯科的會談。另外由於葉爾欽本人已離開莫斯科，因此也不會參加二十八日在莫斯科舉行的中東和會。由於葉爾欽一向有心臟夙疾，因此他的健康問題，已再度引起世人的注意。

但是更大的危機，卻不僅是葉爾欽個人的健康問題而已。前蘇聯外長謝瓦納澤，半年多前曾準確的預測到蘇共保守派的發動政變，最近又預言莫斯科很可能會再度爆發政變，只是這次的發動的原因不再是保守派或頑固派的頑抗改革，而是因爲物價飛漲，人民基本生計無法維繫，而造成饑民示威，引發社會動盪、政治失序，最後則演成政變。換言之，過去投票支持葉爾欽的俄羅斯民衆，正是未來即將推翻他的主要力量。

我們無法預就此項政治預言做一眞僞判斷。但是如果我們從下列訊息中做一分析及推論，則俄羅斯的情況，的確十分不樂觀。

首先，是飛騰的物價。自去年底俄羅斯實施物價自由化政策以來，一般生活必需品，如麵包、奶油，都在一夕之間上漲三至五倍，而相對的，一般市民的薪資調幅，則多僅在一倍以內。而更嚴重的，則是飛機及鐵公路運輸的票價，更漲到十數倍，甚至是數十倍，而且由於油料短缺，許多飛機航次被迫取消，造成全國人民怨聲載道。根據葉爾欽個人估計，物價自由化所帶來的衝擊，將會持續半年至一年之久。

其次，由於物價飛漲，俄羅斯的經濟前景十分黯淡，造成盧布價值一落千丈。兩年多前美金對盧布的官價兌換率，是一比零點六，當時的黑市價格則是一比十。但是兩年後的今天，卻變成一比一百。就黑市價格而言，美金已漲了十倍，就官價而言，則漲了一百六十餘倍。最近俄羅斯的太空人發動罷工，抗議他們的每月工資盧布六百元，僅值美金六元。過去太空人一直被視爲蘇聯社會的英雄，現在卻要爲基本生計問題走上街頭示威抗議，由此益可見物價上漲、盧布貶値問題的嚴重性。

再者，是因經濟蕭條、政治動盪而造成的人才外流現象。目前中東及阿拉伯世界的許多國家，如伊朗、利比亞等，正籌劃以高薪聘請前蘇聯的核子專家，爲其訓練核子科學人才，並設計核子科學設施。北大西洋公約組織的秘書長沃納已提出警告，前蘇聯核子專家的外流，將會造成核子擴散至第三世界，其影響遠比獨立國協本身擁有核武，更爲危險。他並呼籲北約各國提供這些高級科技人才工作及研究機會，而且必須待遇優厚，以免他們淪爲「第三世界的核子傭兵」。美國《洛杉磯時報》則報導，美國已準備聘請二千位俄羅斯的核子專家，以免其被利比亞、伊朗等國聘去，造成核子擴散的危機。但是以前蘇聯科技人才的豐富，美國的延聘計畫畢竟只是「杯水車薪」，核武擴散，人才外流現象恐怕終將難以避免。

第四，葉爾欽的領導階層內鬪頻仍，政績乏善可陳。葉氏本人雖然擁有高度的羣衆魅力，但自始至終卻一直只展現了民粹政治家善演講、好吹牛、誇大政敵之短、精於權術鬪爭等特質，卻無眞正政績可言。再加上他大量起用年輕政客，政治經驗不足，卻汲汲於權力的獲取，乃造成嚴重之內鬪現象。而葉氏本人又罹患心臟病，多次進出醫院，如果一旦有個三長兩短，很可能會造成領導中心潰散，並引發嚴重的政府領導危機。

第五，獨立國協間的各共和國關係不睦，其中尤以俄羅斯與烏克蘭之間的領土及軍隊歸屬問題，最爲嚴重。而國協本身又是組織鬆散，權威不固，因此一旦各共和國間引發仇恨鬪爭，局面更將嚴重惡化。最近烏克蘭已爲其境內之黑海艦隊歸屬問題，與俄羅斯當局發生嚴重裂痕，並引發軍方的效忠問題（亦卽究竟應效忠國協，效忠俄羅斯，還是效忠烏克蘭）。而俄羅斯方面也不甘示弱，進而要求將俄羅斯人口衆多的烏克蘭領土克里米亞半島，劃歸俄羅斯。如果此一問題不得善解，勢將造成此二民族國家之間的惡鬪，並因十七世紀以來的新仇舊恨而演爲國際戰爭。因此，今後如何處理蘇聯解體之後的各項問題，在在需要政治智慧與耐心。但在經濟及社會情況嚴重惡化之際，這種智慧與耐心卻往往會失去時空契機，反之卻極易爲政治野心家所利用，而造成新的亂局，這是對獨立國協各國極爲不利的。

第六，是俄羅斯領導當局只知採取物價自由化政策，並開放自由市場，卻不知資本主義的眞諦，是必須有資本家的運作。最近美國《紐約時報》即刊出專文〈沒有資本家就沒有資本主義〉，警告西方世界及俄羅斯當局，外國政府的糧食補助、經濟支援、物資支援等措施，都不是眞正解決經濟困境之途，相對的，更重要的是將有獲利觀念的資本主義人才送往前蘇聯，訓練當地人民改變爲共產主義蠱惑逾七十年的蘇維埃心靈，使其接受資本主義的洗禮，才是眞正解決問題的根本辦法。換言之，俄羅斯經濟問題的根本解決之道，並不在運送更多的糧食或卡車，而是設立管理效率良好的食物輸送網及卡車運輸公司，將食品在未腐化損毀之前運送到民衆手裏。事實上，俄羅斯等地的糧荒主要是由於運輸體系崩潰，黑市猖獗，官僚腐化所致。目前來自西方的物資捐輸，仍然面臨著官僚貪腐、運輸設施不良等問題，除非能設立有效的資本主義經營體系，俄羅斯的經濟沈痾依舊是無法改善的。

從上述的分析及有關的訊息看來，葉爾欽政權的危機的確是極爲深重的。其中有的是屬於他個人的領導風格問題，有的則牽涉到民族傾軋的歷史仇恨，有的則根深蒂固的源於蘇維埃共產制度的沈痾。現在，這些複雜的問題又糾結於一，如何得以善解，除了人爲的努力，也要看時機因素及國際環境，能否充分配合，否則不僅是葉氏政權岌岌可危，而且整個俄羅斯及獨立國協的前景，都是不容樂估的。

俄羅斯寒冬下的陰影

民國八十一年二月十三日

曾經預測去年夏天蘇聯政變的前外長謝瓦納澤，目前又提出警告，另一次的政變可能即將發生。俄羅斯總統葉爾欽也向西方提出警告，如果經濟改革不能成功，俄羅斯很可能會再度爆發政變，並重回專制政治的時代。

謝瓦納澤和葉爾欽本人的警告都不只是恫嚇之辭而已。葉爾欽的副手，俄羅斯副總統魯斯柯，在本月八日的一場羣衆示威集會中，強烈指責葉爾欽的改革措施，將導向「經濟大屠殺」(economic genocide)。事實上，在物價平均上漲百分之三百五十，盧布巨幅下跌的處境下，俄羅斯的經濟情況非但未見好轉，而且物資供應仍然嚴重不足，並不因物價自由化，而有好轉的跡象。

美國的《紐約時報》在上月二十五日曾刊出專文，指出俄羅斯當前的主要困境，是「沒有足夠的資本家因而也就無法走向資本主義」。事實上，俄羅斯最需要的並非更多的糧食，但卻迫切需要管理效率良好的食品分配公司，有效的將食糧運送到市場上去。這事實上仍係一老問題。一九八九年間，烏克蘭農產品豐收，但卻因爲當時政治制度的走向解體，官僚制度失去效能，而發生大量農糧閑置於田野，或因運輸器材不足，大量腐壞棄置的現象，結果亦導致糧食不足的危機。

但是，在民族主義高漲，民粹政治當道的俄羅斯，政客們卻只知相互批評，指責對方應爲經改失敗負責，自己卻提不出另一套有效的對應策略。葉爾欽當年就是藉批評戈巴契夫而起家的。現在另一位「愛國主義者」，空軍將領出身的魯斯柯伊，也只知對葉爾欽大加撻伐，卻不能提出眞正解決問題的良策。

於是，莫斯科在本月九日終於出現兩支分庭抗禮的羣衆活動。一方有一萬五千人站在克里姆林宮前，揮舞著列寧像，要求重回共黨時代，維持人民的生存尊嚴和最基本的生活水平。另一方則有兩萬五千人，在俄羅斯國會的白宮前，要求對葉爾欽政府繼續支持，咬緊牙關，渡過難關。

不過，莫斯科九百萬民衆中的絕大部分，卻留在家裏取暖，或在街頭排隊爭購有限的物資。舊日蘇聯人的民族尊嚴與國家富強景象已早不復見，而民主、改革、開放的口號也已形同具文，在西方各國經濟蕭條聲中，外援也多僅係口惠而實不至。卽使是葉爾欽的憤怒指責，也換不回太多的西方支援。

因之，一個寒冷的莫斯科長冬，就在期待改革奇蹟的出現，以及憂心等待著另一次政變的詭譎氣氛中懸盪。誰也無法眞正預測俄羅斯的改革前景，就像沒有人能預估葉爾欽的政治前途一樣。這是俄羅斯人民另一次的惶惑與㲹難，雖然他們已幾近一無所有了。

在這樣一個饑寒交迫的時節裏，戈巴契夫終於開口了。戈氏在美國電視新聞網上，承諾他曾向葉氏表示不會站在反對陣營中向葉氏挑戰，但他也表明對葉爾欽的政績頗有保留。至於戈巴契夫的復出機會，亦的確存在著。不過，在蘇聯業已解體，而葉爾欽又係俄羅斯民選總統的處境下，戈巴契夫到底是以獨立國協的領導人的身分復出，還是要仿傚葉氏一樣，在另一次大選中復起，則尚難逆料。此中之關鍵有二：

㈠前蘇聯軍方一直強烈要求一支統一的武裝部隊，並且反對蘇聯分裂後各共和國要求瓜分軍隊，及要求軍隊向其表忠的分離傾向。因此他們對戈巴契夫的統一立場應是支持的。如果戈氏復出擔任國協領導人，軍方應是樂見其成的。

㈡但是另一方面，俄羅斯民衆卻對戈巴契夫表示過嚴重失望的態度。不過現在葉爾欽個人也面臨著類似的處境，因此，在戈、葉之間，如果俄羅斯民衆還要被迫再做一次選擇，這樣的選擇自然是極其無奈了。事實上，如果有任何其他更佳的選擇，他們應該是會選擇第三者的。但是，爲了避免政變、軍變或民變的爆發，戈、葉兩人之間最後還是有可能採取合作態度，對權力布局重做安排，使俄羅斯能渡過未來半年、一年的艱困期。

當然，最佳的選擇如果有的話，恐怕還是葉、戈兩人採取內、外分治的立場，由葉爾欽負責對內政策，戈巴契夫負責外交及爭取外援的工作。因爲西方各國對戈巴契夫的結束冷戰時代，畢竟是心存感激的，對葉爾欽個人的強勢激進作風卻多有所保留。但是這樣的權力分治的布局能否實現，就看戈、葉兩人的合作程度及俄羅斯領導階層的努力了。

俄羅斯政爭與經改前景

民國八十一年十二月六日

俄羅斯人民代表大會，本月四日以六百六十八票對二百一十票做成決議，要求政府採取一連串行動，緩和造成民怨四起的自由市場改革。其中包括：編列工資和農產品價格指數，變更民營化計畫，規範盧布滙率，以及對外貸款由國會控制。此外，人代會也提出限制總統權力的七項憲法修正案，如果這些修正案在近期獲得通過，葉爾欽總統的權力將被大幅度削弱，跡近於英國女王式的虛位元首的處境。這無異將成爲一次「憲政革命」，葉爾欽政府也將被迫辭職。過去一年來的改革進程，也將宣告終止。

在過去一年間，葉爾欽充分運用個人的領導魅力，以及處理政務和推動改革的特別權力，繞過國會和人代會，而得以推動大刀濶斧的改革，同時任命他所鍾意的政府官員。但是這些特別權力，在十二月一日起召開人代會之後，均已到期。因此他能否繼續保住改革派班底，並繼續推動激進改革，實頗成疑問。

在人代會方面，目前已經以五百八十六票對二百八十六票的比數，同意延緩表決提名代總理蓋達的議案。這顯示這位年僅三十六歲的經改總工程師，未來命運難卜。事實上，在過去一年間，俄羅斯經濟改革步伐雖然快速，但成績卻很難讓人滿意，其中尤以盧布幣值大跌，通貨膨脹率高居不下，以及生產力驟降，最引人詬病。其中盧布價格，已從今年初的近一百盧布比一美金，貶值爲今年十二月初的近五百盧布比一美金。而通貨膨脹率預期也將在未來一年保持百分之兩千的程度，亦即一年內物價將漲二十倍。另一方面，今年的國民生產也下降了百分之二十。這均是造成俄羅斯民衆普遍不滿，以及葉爾欽的民意支持大幅度下降的主要原因。

但是，經濟改革畢竟仍有其成就，其中以私有化政策的積極推動，以及地方分權的加速進行，最受人注目。俄羅斯政府在七月間規定，所有員工超過一千人的公司，均需進行重組，建立起包含經理、工人代表與政府代表的董事會制度。此外，十月起俄羅斯政府亦已開始發行「私有化券」，俄羅斯人民均可領到一張面值一萬盧布（約二十美元）的票券，用以購買私有化公司的股票，或兌換爲現金。

可是，經改政策能否成功推動，卻有賴下列各主要條件的配合：

㈠俄羅斯人民能否革除過去在社會主義體制下養成的「吃大鍋飯」的惡習，並在市場機制的刺激下，加入私有化的行列，並重新提昇生產力。

㈡俄羅斯國會是否能夠暫停內爭，一致合作，對經改步驟的急緩建立共識。而葉爾欽能否揚棄專斷蠻橫的作風，與國會妥協，也是另一項要件。

㈢西方各國（包括日本）能否眞正伸出援手，協助俄羅斯加速經濟改革，並融入西歐與北美爲首的自由經濟體制。如果西方各國只是口惠而實不至，坐視俄羅斯自生自滅，俄國經改前景非但不容樂估，而且極可能因爲俄羅斯的內部紛爭動亂，而威脅到全球的穩定和平。

㈣俄羅斯軍方與特工系統，是否願意保持中立，不介入政爭，同時亦不以政變等非法途徑，阻礙經改，破壞社會的穩定和諧。不過經過了一年的民主化歷程，發生政變的可能性已大爲降低，除非政爭加劇，影響到國家安危，否則軍方介入的可能性，已大爲減低。

㈤俄羅斯境內的少數民族，以及二十個民族自治共和國，能否與俄羅斯人和平共處。尤其是高加索區的切陳、印古什、北奧塞提亞等共和國境內的種族戰爭，能否及早平息，尤具象徵性意義。

但是上述各項條件能否配合，卻是未定之天。尤其是國會與總統之間的對立，目前已愈演愈烈，似乎難有收拾的趨勢。據報導，面對國會修憲削權的舉措，葉爾欽總統可能會採取解散國會，重新大選，實施總統直接領導等途徑，對抗以保守派爲主體的國會。但是這些作法究竟是否合乎「民主」的界定，還是形同「專制」，卻是頗待斟酌的，尤其是解散國會，爲總統擴權的作法，頗不合自由民主體制的常規，更難獲一般民主國家的認可，勢必招致國際惡評，也是可以預料的。更何況，如果總統擴權的作法，並不能換來經濟改革的成功與社會的穩定承平，葉爾欽勢將面對更爲嚴重的國內反對浪潮，則俄羅斯的前景就更不容樂估了。

至於俄羅斯國會欲建立議會內閣制，藉以削減總統實權的作法，從穩定民主國家的憲政先例分析，實有其充分理由。當今絕大部分的穩定民主國家，亦多實施議會內閣制。但是目前俄羅斯的政黨體系，尚未定型，各政黨的實力，亦不確定。如果今後俄羅斯的政黨政治不能走上正軌，而且黨爭不斷，又無任何一個主導政黨可以獲得多數選民的支持，則俄羅斯的政局，勢必如同過去法國第四共和與當今的義大利內閣一樣，倒閣頻仍，政府年年更換，長期的改革政策更將無以推動。因此，俄羅斯究竟應採取內閣制、總統制或雙元首長制，目前尚難做出定論。俄羅斯民主體制能否穩定成長，更是難以逆料的。

由此看來，俄羅斯的政爭，在未來勢將持續相當長的一段時日，和俄羅斯曚矓的經改前景一樣，都是不容樂估的。

葉爾欽的困局與俄羅斯的危機

民國八十二年三月二十二日

俄羅斯總統葉爾欽，目前正面臨上臺以來最嚴重的困局。一方面，俄羅斯國會亟欲削弱他的權力，並抵拒他的經改計畫；另一方面，俄羅斯民衆在長期的經濟蕭條局面下已不再對他抱太大的希望，而且有更多的民衆懷念共黨統治的時代。這樣的訊息不僅說明葉爾欽的前景不容樂估，而且俄羅斯的發展前景，更是困難重重，危機處處。七大工業國家近日來對俄國情勢的深切關注，亦說明了情況的嚴重性。

葉爾欽的眞正困難所在，是他並無實際的政績可言。一年之前，一美金可以兌換一百盧布，一年後的今天，則可兌換七百盧布。換言之，一年內盧布已跌了整整七倍，這樣嚴重的通貨膨脹，已讓俄羅斯深嘗民不聊生之苦。目前，俄羅斯民衆平均每月所得不及美金十元，與一九九一年蘇聯未解體前的景況相比，已劇跌了二、三十倍之鉅。無怪乎，俄羅斯目前已成爲全球自殺率最高、犯罪率最高的國家之一。可是，葉爾欽卻只知不斷的開空頭支票，要俄羅斯民衆暫忍一時，咬緊牙關，即可享受到自由市場的好處。但是，現在的情況卻是，在民意調查中竟有六成的民衆希望重回共黨統治的時代，而支持葉氏的民衆也越來越少。但葉氏猶想運用公民投票的手段，重新獲取民衆的支持，藉以向國會對抗。但是，民衆眞正關心的卻不是葉氏在「府會鬬爭」中獲勝，打敗國會，而是如何改善他們最基本的生計，渡過眼前的經濟難關。

西方七大工業國家，目前已逐漸了解到情況的嚴重性，並考慮運用「國際貨幣基金」（IMF），對俄羅斯提供財力援助，其金額可能高達美金兩百三十億元。此外，七大工業國也準備在四月十八至十九日，在東京召開高峯會議，討論援俄問題，但是這些援助措施是否能發揮「及時雨」的效果，還是「遠水救不了近火」，則尙未可知。但是，以過去七大工業國及IMF的作法看來，多是「口惠而實不至」。尤其是後者強力要求俄羅斯實施經濟自由化措施，加速通貨膨脹的作法，更導致俄羅斯人民普遍的不滿，許多原先對西方抱友善態度的民主運動支持者，更因西方的「經濟帝國主義」心態，而轉變成爲仇視西方的民族主義者。西方列強忽視俄羅斯民族主義深厚傳統，以及俄國民心動向的作法，無寧是一種自我囿限的偏狹心態的反映。過去幾年，有一些西方的地緣政治論者，幸災樂禍的坐視俄羅斯情勢的惡化趨勢，甚至以爲俄羅斯的情況是「越壞越好」。但是，現在俄羅斯的情況眞的是每況愈下，甚至可能造成國際局勢的動盪不安，卻又逼使西方國家不得不伸出援手了。畢竟，以俄羅斯的廣土衆民及軍經實力，卽使在短期間難以再起，但對國際和平及安全的威脅，卻是十分嚴重的。只是，這次伸出援手的舉措究竟能發揮多大的功效，還是依然缺乏着足夠的誠意及內涵，就讓人不得不注意與深思了。

美國前國務卿季辛吉，日前針對俄國惡化的情勢，發表專文，一方面他贊成對俄國進行援助，但另一方面卻反對美國針對葉爾欽個人而發的外交政策。季辛吉並指出，美國政府不斷發表言論支持葉氏，但卻完全無視俄國人民的反映，這是否將逼使俄國所有反葉的政治團體，不得不採取反美的立場？更何況，如果美國人設身處地想想，萬一柯林頓與美國國會爆發衝突，而葉爾欽卻發表談話，支持柯林頓對抗美國國會，則如何可能不引起美國人民的反彈？季辛吉這一段反省性的分析，的確說明了美國及西方工業大國對俄國問題在理解上的嚴重盲點。

事實上，美國不僅在支持葉爾欽對抗俄羅斯國會的作法上十分不合宜，而且在國際間也缺乏實質的說服力。葉爾欽目前想以非民主的專制手段實施「總統統治」，亦即終止國會的運作，實施總統獨裁。這種作法，根本違背了民主化的基本原則。如果美國能縱容這樣的獨裁作法，爲什麼就不能接納去年秘魯總統藤森所採取的「總統統治」措施？很顯然的，美國在此一問題上，是存在着「雙重標準」的。

但是，國際的援助畢竟只能發揮部分的舒困功能，俄羅斯的問題，主要還是要視俄國的國內情勢而定。兩年前，美國亟力想讓戈巴契夫穩住陣腳，抵拒來自葉爾欽的挑戰，但最後卻是當時美國人不喜歡的葉爾欽登上權力高峯。今天，葉爾欽又面臨了副總統魯茨柯伊、國會議長卡斯布拉托夫等人的挑戰，美國則希望能讓葉氏安於其位。但是葉氏卻已與俄羅斯的民意主流漸行漸遠。美國及西方工業大國的期望能否成爲事實，實在是不容樂估的。

俄羅斯的困境告訴我們：任何政治領袖必須要以實際的政績獲取民衆的支持。葉爾欽從打倒戈巴契夫、摧毀蘇聯聯邦體制起家，雖然曾獲致廣泛的民衆支持，但卻未能讓解體後的蘇聯，走上安定富裕的境地，但是他不但未能從失敗的教訓中獲取經驗，卻想依循舊有的伎倆，藉公民投票向國會對抗，而不是從具體的經改成果上重新獲取民意的支持。這種投機取巧的作法，是不可能爲他的政治生命帶來新生機的。而俄羅斯人民要在困頓之餘承受「府會之爭」下的動盪不安，也可說是政經交困之下的一大不幸。除非七大工業國家藉強力的經援舒困化解其中的經濟困境，否則俄羅斯情勢的進一步惡化，將是無以避免的。

二、蘇聯與東歐的巴爾幹化

蘇聯軍方態度轉趨強硬的警訊

民國八十年一月九日

蘇聯國防部日昨派遣萬名空降部隊至七個加盟共和國，以軍事行動執行徵兵令。蘇聯國防部並且強調，由於兵員不足，國家安全已岌岌可危，蘇聯傘兵並已奉令，格殺拒不投降的逃兵。

主張獨立最力的波羅的海三小國，是受此一命令衝擊最爲嚴重的地區，這是自去年夏天蘇聯各地加盟共和國獨立風潮加劇以來，官方與軍方最強烈的軍事干預行動。這一方面顯示蘇聯民族與獨立問題的惡化趨勢，另一方面也說明蘇聯軍方已決定不再姑息各共和國的分離風潮，並將以實際的武力行動，扭轉蘇聯聯邦體制崩潰的態勢。但是，血腥的暴力與武力，是否眞能扭轉變局，還是將釀成更嚴重的抗俄情緒，卻是難以逆料的。

此次軍方以強制徵兵或捕捉逃兵作爲出兵理由，事實上只不過是找到一項藉口。軍方的眞正目的，旨在向分離主義者「示威」，並表達軍方強烈的「保衛聯邦」、「阻止聯邦解體」的立場。另外，有鑑於最近波羅的海三共和國發生的民衆包圍兵營、拒絕供應軍營食物等情事，軍方顯然已忍無可忍，因此乃藉題發揮，故意以徵兵爲名，逼迫各共和國爲分離政策付出代價，同時也期盼以武力行動收攬內部之軍心，以免造成逃兵趨勢加劇，嚴重影響軍紀。過去幾個星期中，戈巴契夫已對摩達維亞及喬治亞境內的種族主義紛爭提出警告，並要求恢復秩序，這些舉措均顯示戈氏個人的態度亦轉趨強硬。

但是，武力鎭壓畢竟只能收一時之效果，如果進一步不能展開政治協商，並透過制度化管道建立聯邦與各共和國間的合理權力關係，使各共和國充分享有自治權力（雖然並非獨立），則武力措施的眞正效果卻是堪慮的。由此看來，軍方態度趨於強硬的新跡象，可能就會使蘇聯目前的危機日益加劇了。

正視蘇聯與東歐的「巴爾幹化」趨勢

民國八十年三月三十一日

從一次大戰前夕到二次大戰期間，東歐的巴爾幹半島，曾因複雜的民族紛爭與歷史傳統，導致嚴重的動盪不安，形成「歐洲的火藥庫」，「巴爾幹化」一詞，也就成為民族紛爭、內戰頻仍與強權衝突的代名詞。此一現象在二次大戰結束後，曾因共黨的強力壓制與極權統治，尤其是南斯拉夫領袖狄托的恩威並施，以及蘇聯對東歐的主宰角色，而日趨淡化，「巴爾幹化」，也漸歸於歷史陳跡。但是曾幾何時，伴隨著蘇聯與東歐的政權開放及民主化浪潮，「巴爾幹化」現象又再度甚囂塵上，不但造成此一地區的分裂與動盪，更進一步蠶食民主改革的成果，近日來，此一趨勢更有加劇的現象，並已威脅到此一地區的基本安全與生存問題。

首先，是南斯拉夫的聯邦體制已瀕臨崩潰，內戰危機似已不易避免。目前南斯拉夫六個共和國中，人口最多的塞爾維亞，已與北方最富裕的斯洛維尼亞和克羅埃西亞，發生嚴重鬪爭。如果斯洛維尼亞和克羅地亞兩國堅持脫離南斯拉夫，內戰局面將一發不可收拾。塞爾維亞共黨領袖米洛塞維契不但強烈的表達了塞國不容聯邦分裂的強硬立場，而且抨擊聯邦總理馬柯維契的西化式經改。但是塞國境內卻也出現了強烈反對米洛塞維契及共黨統治的遊行示威，並引發警民間的流血衝突。過去南斯拉夫一向被視爲開放幅度與自由化改革程度最高的共黨政權。但是隨著近年來的蘇聯的民主浪潮，反共大勢也日益高漲。但在反共浪潮背後，還夾雜著複雜的民族紛爭與獨立風潮，不但威脅著共黨的統治地位，也造成聯邦體制的瀕臨崩解。由於南斯拉夫境內有廿四個民族、四支主要宗教（天主教、東正教、新教和回教）、兩種不同字母（拉丁文與基利爾文）和許多種不同語言文字，再加上南北生活水準差距極大，歷史仇恨更不易化解。因此一般觀察家均肯定，南斯拉夫的進一步民主化，非但不能帶來穩定的民主體制，反而可能造成長期的內戰紛爭，再度成爲巴爾幹半島的動亂之源。

其次，是在民主改革甚爲順暢的捷克斯洛伐克，業已出現嚴重的民族分裂現象。捷克與斯洛伐克這兩支西斯拉夫民族，本係同文同種，語言雖有差異，但亦可互通。可是自西元九世紀以來，兩民族分離達一千年之久，捷克受日耳曼文化長期影響，工業化程度高，經濟、教育、文化均高度發展。而斯洛伐克卻受到馬札爾（匈牙利）文化支配，係一落後的山地農業社會，發展頗爲遲緩。一九一八年，捷克與斯洛伐克在馬薩里克的領導下，完成了一千年來的首度統一，但是隨後的二十一年間，卻不斷出現內部鬪爭影響到國家團結，隨後又面臨希特勒的威脅，斯洛伐克再度分立，成爲獨立的「斯洛伐克共和國」。二次大戰結束後，由於蘇聯卵翼，捷克與斯洛伐克再度合併，但在一九六八年的「布拉格之春」期間，斯洛伐克要求自主的呼聲再度揚起，並促成進一步的聯邦化。二十餘年後，東歐共黨政權紛紛瓦解，但民主體制尚未穩固化，斯洛伐克人再度要求獨立，使得以民主形象著稱的捷克總統哈維爾，面臨了是否繼續堅持民主體制的艱危處境。如果應允斯洛伐克人要求獨立的民主訴求，捷克與斯洛伐克終將再度分裂，如果採取壓制措施，則捷克的民主進程必然倒退。此一困境，頗類似美國當年內戰前夕林肯總統的抉擇處境，但對捷克斯洛伐克的前景，卻是一項根本的生存關鍵。

除了南斯拉夫和捷克之外，其他東歐各國也面臨了大小程度不同的民族問題。諸如羅馬尼亞境內外西凡尼亞地區的匈牙利人、南斯拉夫境內科索夫省的阿爾巴尼亞人、阿爾巴尼亞境內的土耳其與希臘人、以及保加利亞境內的馬其頓人問題等，都不易在短期之內解決，也導致內部嚴重的族羣衝突與社會不安。並且威脅到此一地區剛剛萌發，但仍極爲脆弱的民主幼芽。如果處理不愼，民主化的進展恐怕就要停頓，甚至是倒轉而回專制統治了。

情況更爲嚴重的，則是東歐的老大哥蘇聯。經過了兩三年的自由化歷程，嚴重的民族紛爭目前已存在下列地區：

㈠波羅的海三小國的反俄獨立風潮，以及境內俄羅斯、白俄羅斯等民族與愛沙尼亞人、拉脫維亞人、立陶宛人的紛爭。

㈡烏克蘭境內的反俄獨立意願，以及東烏克蘭人（信東正教）與西烏克蘭人（信天主教）的不和。

㈢摩達維亞共和國境內主體民族羅馬尼亞人的強烈反俄獨立要求，以及該國境內俄羅斯人、烏克蘭人脫離摩達維亞，自組「聶斯特共和國」的獨立訴求。這種「雙重獨立」的衝突，已導致嚴重的血腥衝突。

㈣外高加索區的亞美尼亞人（信基督教）和亞塞拜然人（信回教）間的長期紛爭，以及境內民族間的血腥衝突，除了強力鎮壓之外，似無根本解決方法。

㈤同處於高加索山區的格魯吉亞（即喬治亞）共和國，強烈要求獨立，但格魯吉亞境內的南奧塞提亞人（信回教），卻希望留在蘇聯之內，並脫離格魯吉亞而獨立，此一「雙重獨立」訴求，連日來已導致四十餘人死亡，種族紛爭一發而不易收拾。

㈥中亞的各回教共和國（包括哈薩克、吉爾吉斯、塔吉克、克爾吉斯和烏玆別克）境內，業已出現激進的回教勢力，雖然各國內目前尚無強大的獨立訴求，但從長程角度觀察，仍會對蘇聯中亞的整體安定，帶來嚴重威脅。

從上述趨勢看來，蘇聯本身走向「巴爾幹化」，也是不易避免的一大危機。這說明了在國家認同與民族共和出現基本紛歧的社會，民主化改革本身，並不一定能帶來眞正的民主共和體制。相反的，卻可能會因爲民主程序的失控造成立即的民族鬪爭和內戰危機，並且使民主改革中斷，形成新的威權專政。這對國家認同目前已出現危機，同時也正進行民主改革的臺灣，或許不是沒有警惕意義的。

歐洲火藥庫點燃新引信

民國八十年六月二十七日

南斯拉夫境內北部的斯洛維尼亞和克羅埃西亞兩個共和國，終於在延宕數月後，於廿五日宣布獨立。這是自一九八〇年狄托元帥逝世以來，南斯拉夫最嚴重的內部危機。兩共和國宣布將籌組自己的軍隊，並廢除聯邦法律。而聯邦軍隊則開始在兩共和國邊界部署，並宣布不承認此一獨立行動。至於國際社會，包括美國、歐市各國均已宣布，不承認兩國的獨立之舉。南斯拉夫是否將爆發內戰，是否會像第一次世界大戰前夕的情勢一樣，再度成為歐洲的潛在火藥庫，實在是令人憂心的。

但是，平心而論，南斯拉夫本來就是一個勉強湊合的聯邦，尤其是憑藉狄托元帥個人的領導才華和特殊國際情勢，才得以維繫不輟的。事實上，南斯拉夫一直是社會科學比較研究中的一項特例。它有廿四個民族，也有民主理論家和勞工專家稱道的「工業民主制」（工人直接管理企業和工廠），它有比較政治學者感到好奇的協商制和聯邦委員會（八人主席團）合議制（形成集體領導，每年一人輪任總統）。另外，南斯拉夫也有獨特的選舉制度──選舉代表團制（以間接式選舉達成「直接民主」的構想）和多元的議會結構，在每一共和國內都包含了「聯合勞動院」、「共同體院」和「社會政治院」等三個不同職能的國會。至於研究馬克思主義的學者更不能忽略，南斯拉夫境內著名的「實踐學派」，一直就是東歐人文社會主義的重鎮。

可是，上述的一切特殊之處均不能解決南斯拉夫的「燃眉之急」。克羅埃西亞和斯洛維尼亞是南國北部的富饒之地，長期處於奧匈帝國轄區，和受奧圖曼土耳其帝國長久統治的塞爾維亞（南斯拉夫的最大共和國），一向不睦。而且彼此間的語言、文字（字母）、文化、宗教信仰，均不相同。最近兩年來，克、斯兩國共黨垮臺，民主黨派執政，而塞國卻依然在共黨統治之下，更增加了彼此的歧異性。再加上最近南國聯邦政府權力越來越低落，而聯邦主席團又因人選問題陷入停頓，因此，在中央政治中樞逐漸失去權威，而軍隊和共黨卻仍然擁有實力的處境下，南國當前的困境恐怕不易再由政治協商方式加以解決，走上分裂或內戰之途，或許就是一項無可逆轉的厄運了。

基於上述的理由，歐美各國目前都爲南國情勢感到憂心忡忡，而且也不願站在「民族自決」的立場上，支持斯、克兩國的獨立行動。更重要的是，歐洲目前的大勢是「由分而合」，南國的戰略地位在新的國際情勢下已經不再顯要，而南國沈重的外債、高居不下的失業率和通貨膨脹率，均使西方各國深感棘手，更不願對新獨立的國家伸出援手。基於此，斯、克兩國的獨立行動，除了滿足兩國人民的一時情緒外，可能就只有為「公無渡河，公竟渡河」的悲劇史篇，增添新的註腳！

民族紛爭與獨立前景

民國八十年八月二十九日

在各加盟共和國紛紛鬧獨立之際，戈巴契夫呼籲各加盟共和國之間至少保持軍事、經濟結盟。俄羅斯總統葉爾欽日前也表示，蘇聯各共和國間的領土劃界問題將在獨立前後再行協商，並使俄羅斯人聚居地重歸俄羅斯共和國的掌握。戈氏前一聲明已引起部分加盟共和國的響應，而葉氏後一聲明則已引起其他各加盟共和國的嚴重不滿。

欲了解此一問題，必須重新溫習俄羅斯人數百年來的侵略史，以及史達林之民族政策所造成之國土劃界問題。其中的過程十分複雜，並不易作簡化的處理。但基本上，問題在於四方面：

第一，在過去長期的帝俄及俄帝擴張史中，俄羅斯人不斷在新攫得的土地上移民墾殖，結果也就在許多侵略的領土上形成俄羅斯人聚居區，基於此，在當前十四個加盟共和國中都有人數或多或少的俄羅斯人居住，而由於俄羅斯人在蘇聯各民族中居於主導地位，因此不願和當地民族同化。但是現在一旦各加盟共和國走向獨立，這些加盟共和國內的俄羅斯人就可能反居於劣勢，並受當地主體民族的迫害，此一問題在目前的波羅的海三小國及摩達維亞共和國情形最爲嚴重。另外由於烏克蘭與俄羅斯結盟已有三百年歷史，烏克蘭人也大量移入中亞及西伯利亞各地，因此目前也面臨類似問題。

第二，在史達林的民族政策下，許多共和國的領土，被刻意的變更，藉以擴張俄羅斯人及其他斯拉夫人在這些國家中之影響力；因此，加盟共和國之劃界並不與當地主體民族的分佈區域重合，例如，在中亞最大的哈薩克共和國內，哈薩克人所占之比例只及該共和國全境人口百分之三十六，俄羅斯人占百分之四十一，烏克蘭人占百分之六，另外拉脫維亞人在拉脫維亞境內也只占百分之五十四，俄羅斯人則占百分之三十三，白俄羅斯人也占百分之五；因此一旦這些共和國宣佈獨立，爲數衆多的俄羅斯人及斯拉夫人，就將成爲種族紛爭下的犧牲品。

由於在二次大戰期間，史達林爲了避免蘇聯境內的少數民族與納粹德國私通，乃採取移民徙邊政策，導致部分民族流離失所，其中尤以克里米亞的韃靼人，處境最爲悲涼，而且也在近年的自由化運動中，要求平反，重回故土。

第三，在蘇聯過去極權體制的強力主導下，俄羅斯共和國以外的各共和國間的領土劃界也出現與歷史傳統及人口分佈不符的現象。

例如，已宣佈獨立的立陶宛首府維爾拿過去即屬其鄰國——白俄羅斯的領土。而羅馬尼亞東邊的摩達維亞共和國的領土，不但包括了過去屬於羅馬尼亞的比薩拉比亞，也包括了過去原屬烏克蘭及俄羅斯的涅斯特河東岸的地區，無怪乎，在過去兩年，摩達維亞要求獨立的過程中，涅斯特地區的烏克蘭人與俄羅斯人也要求從摩達維亞中獨立，以免受到當地主體民族——羅馬尼亞人的迫害。這就形成所謂的「雙重民族主義」。

在目前摩達維亞四百三十萬人口中，羅馬尼亞人約占百分之六十四，烏克蘭人及俄羅斯人則約各占百分之十四，由此數字亦可看出，該國境內民族問題的複雜。

第四，由於蘇聯龐大的海軍力量，必須依賴出海口，方得保衞其海權及國境安全，因此在帝俄的擴張史中，始終以攫取周邊出海口爲要務，而且在擴張任務完成後，又派遣大量俄羅斯人進入這些地區，藉以保衞出海港。但現在烏克蘭及波羅的海三小國紛紛宣告獨立，造成蘇聯黑海艦隊及波羅的海艦隊的歸屬問題。如果俄羅斯共和國想維持其龐大海軍武力，則勢必要以武力或強力談判方式，向其他共和國要求使用其出海港，否則蘇聯之海軍武力將爲各共和國所瓜分。其中尤以烏克蘭的奧得薩及克里米亞半島的歸屬問題最爲嚴重。這也是葉爾欽要求烏克蘭將這些地區歸還俄羅斯的重要原因。

戈巴契夫總統日昨呼籲加盟共和國之間至少應保持軍事和經濟同盟，否則將造成災難，無疑的也是出於此一考慮。

但上述四項仍不足以凸顯此一問題的複雜性，若用列舉方式至少還面臨下列的領土及民族問題：

㈠波海三小國及白俄羅斯獨立後，立陶宛西邊的卡利寧格勒區（原係東普魯士之一部），將成爲俄羅斯共和國的一塊「飛地」，也就是，俄羅斯當局無法直接從陸路到達該地。其處境頗類似過去的柏林孤島。

㈡喧騰已久的亞美尼亞與亞塞拜然領土問題，更不易解決，在亞塞拜然境內，有以亞美尼亞人爲主體的納哥爾諾卡拉巴赫自治州，而在亞美尼亞西境又有亞塞拜然人爲主的納西契萬自治共和國（屬亞塞拜然），此一問題已造成二族之間多年的紛爭，至今無法解決。

㈢在摩達維亞境內，尙有少數土耳其後裔——加加烏斯人，該族已組成加加烏斯共和國與羅馬尼亞人鬪爭，至今問題亦屬未決。

㈣在鬧獨立的喬治亞共和國境內，南奧塞提亞人要求脫離喬治亞而併入俄羅斯，造成該國內部的緊張種族關係。

㈤在俄羅斯境內的韃靼共和國（韃靼人在蘇聯全境共六百萬人，爲全蘇第五大民族），韃靼人約占人口之半，而俄羅斯人亦高居四成以上，至於在其他自治共和國內亦頗常見此一現象。如果一旦仿效各加盟共和國走上獨立之路，問題將更趨複雜。

㈥在中國東北黑龍江邊的猶太自治州還有居民數萬人，也形成另一層民族問題。

上述例子正逐漸顯示出此一問題的高度複雜性與敏感性。絕不是激進改革者如葉爾欽之流所能輕易和平處理的。

切陳印古什獨立事件

民國八十年十一月一日

俄羅斯共和國高加索山區北麓的自治共和國切陳印古什，最近發生獨立行動。俄羅斯共和國總統葉爾欽，於本月八日下令在該自治共和國內實施緊急統治，並派軍千人鎮壓，但在抵達一日後，卽和平撤出。

俄羅斯是蘇聯十五個加盟共和國之一，但其境內另有十六個自治共和國，五個自治州，和十個民族區。切陳印古什位在高加索山區之北，東部爲達格斯坦自治共和國（該國傑出的民族舞蹈團最近曾抵臺北表演），西部爲北奧塞提亞自治共和國，南鄰則係喬治亞加盟共和國。切陳印古什係兩個不同而緊鄰的高加索民族，但均屬高加索語系的納赫語族。一八一〇年，沙皇亞歷山大一世併吞了印古什，一八五九年，亞歷山大二世兼併了切陳。共產革命後，一九二二年成立了切陳自治州，一九二四年也成立了印古什自治州。一九三四年，蘇共再將兩州合併，一九三六年底，則進一步改爲切陳印古什自治共和國，成爲俄羅斯共和國下直屬的共和國。該地面積約爲臺灣面積之半（爲一萬九千三百平方公里），人口約一百三十萬人，其中切陳人約佔一半，印古什人佔百分之十七，另外則有四分之一人口爲俄羅斯人。値得注意的是，在過去三十年間，切陳人口成長頗爲快速，人口倍增，根據一九八九年統計，目前在蘇聯全境已逾九十五萬人，爲三十年前的一倍多。

在二次大戰期間，切陳部分地區爲德國納粹軍隊所佔領（一九四二至一九四三年），史達林深恐這些高加索民族與蘇聯爲敵，乃特別在德軍入侵前強制切陳人、印古什人等民族遷離，造成該民族嚴重的流離失所。爲此赫魯雪夫還在一九五六年蘇共二十大的批史演說中，特別點明列爲史達林的罪狀之一。但是切陳人要求脫離俄羅斯的意願，卻隨著近來蘇聯各地的獨立風潮而日益凸顯。並在今年五月正式宣布擁有主權。八月間，莫斯科流產政變過後，切陳國家領袖杜達耶夫領導的人民代表大會和民兵開始進佔政府大樓和廣播大廈，展開實際獨立行動。杜氏並訂於本月九日就任國家主席。俄羅斯共和國領導人葉爾欽深恐此一獨立行動成功，造成其他自治共和國亦步亦趨，乃毅然決定在杜達耶夫就任前夕先下手爲強，採取了緊急鎭壓措施。

但是，切陳印古什獨立問題卻不是僅憑武力鎭壓就可解決的。高加索地區本來卽是歷史情懷及民族問題極爲複雜的地區，新仇舊恨隨著蘇聯帝國的解體過程而一體迸發。另外，葉爾欽個人在最近對抗戈巴契夫的奪權過程中，不斷強調加盟共和國的主權獨立，現在卻反過頭來想以鐵血鎭壓自己境內自治共和國的主權獨立行動，實在難免授人口實，也只不過證明他自己是另一位藉人民之名而專權的新沙皇罷了。同時，葉氏最近所面臨的其他問題，諸如急進經改計畫的嚴重風險，俄羅斯與蘇聯中央以及與各加盟國之間的權力爭奪，俄羅斯共和國本身領導階層的奪權分裂，以及今年冬天即將面臨的糧食短缺問題等，均將併隨著切陳獨立問題而陷入嚴重的困境。這似乎也說明著，極權體制雖然可以在一夕之間瓦解，但瓦解之後爆發的各種併發症，才是眞正的危機所在。而葉氏這種好說大話，好開空頭支票，並假藉民意而行奪權之實的民粹型領袖，也開始面臨到了眞正的考驗。

烏克蘭自主之路

民國七十九年七月十一日

繼五月底俄羅斯共和國宣布將在百日之內擁有主權後，七月十六日，蘇聯第二大的加盟共和國烏克蘭國會，也以壓倒性比數（三五五比四）通過了主權宣言，聲稱烏克蘭的法律優先於蘇聯的聯邦法律。由於俄羅斯和烏克蘭兩國的人口約佔全蘇聯的四分之三，因此這兩國的主權宣告，無疑已使蘇聯的中央集權體制，面臨了嚴重的衝擊。也為戈巴契夫的改革政策增添更深的不穩定因素。

俄羅斯與烏克蘭的主權聲明，與波羅的海三小國的獨立訴求並不相同。主權聲明只是自主的要求，但其前提是仍然留在蘇聯的聯邦體制之內，不過自主權限必須擴張。其中尤其值得注意的是，由於烏克蘭本係聯合國之會員國，因此在宣言中要求在涉外事務上，烏克蘭應擁有「獨立而平等」的權力，並有權自組軍隊及發行貨幣。換言之，烏克蘭人心目中的蘇聯，應較接近於各分子國成員高度自主的「邦聯」體制，而非由中央獨擅外交、軍事及貨幣發行權的「聯邦」制度。

不過由於烏克蘭已與俄羅斯結盟逾三百年，一時之間還不可能遂行獨立要求，因此並未走上立陶宛等國的「脫離聯邦，獨立建國」的偏激之路。可是此一行動對於蘇聯的深重影響，卻是不言而喻的。無怪乎，烏克蘭共和國主席伊瓦西科，亦即新當選的蘇共副總書記，不得不自行解職了。

表面看來，烏克蘭的自主行動，似乎是對俄羅斯共和國主席葉爾欽的一項積極呼應。但究其實質，卻可能也是某種程度的反向要脅。因為烏克蘭乃是蘇聯的農工重鎮，既然俄羅斯共和國可以逕行自主要求，並聲稱將以國際價格進行蘇聯境內各共和國間的貨物交流，則資源豐饒的烏克蘭，又何嘗不可上行下效，憑恃著自己厚實的資本，對其他各國「予取予求」呢？

但是，烏克蘭人眞正想箝制的，並不是俄羅斯共和國以外的十三個弱小共和國弟兄，尤其不會是它的鄰國白俄羅斯及摩達維亞。相反的，眞正受到影響的，是烏克蘭人一向仇視的俄羅斯人，以及高踞在莫斯科中央的共黨巨頭。長期以來，烏克蘭人以俄國文化發源地之尊，卻一直活在俄羅斯人的陰影之下，而且倍受異族凌虐。一九三〇年代末和四〇年代初，烏克蘭人因為史達林失敗的農業集體化政策，和血腥大整肅，以及希特勒的鐵血入侵每次死傷總在百萬人。

幾乎在烏克蘭的五千萬人口中，沒有任何一個家庭中的成員，未嘗遭到生離死別之慟。再加上近年的車爾諾比災難事件，烏克蘭人被欺凌的怒氣，更是難以紓解。因此，當他們看到不僅各少數民族共和國在鬧獨立自主，而連俄羅斯共和國自己也在挖路基，掘牆角之際，也就奮不顧身的加入了此一「造反」的行列。對於烏克蘭人而言，葉爾欽這樣的政治人物，實在是太好的「擋箭牌」了。有葉爾欽這樣洋洋自得，目中無人的俄羅斯大漢做前導，不僅可以要求自主權，還可以大肆的批判共產黨，最後甚至可以乾脆脫黨絕席而去，並將難題留給戈巴契夫和共黨中央。因此，烏克蘭的自主決定，無疑是積極、正當而安全的。至於它的示範性效果如何，是否會引起連帶反應，就看蘇聯黨政中樞如何去面對這一棘手問題了。

烏克蘭獨立建國的三大考驗

民國八十年十二月六日

烏克蘭人民日前舉行公民投票，開票結果顯示，逾九成選民贊成獨立，同時已獲波蘭、加拿大、俄羅斯等國承認，前共黨領袖克拉夫邱克以六成的得票率當選首任民選總統。這項結果是今夏莫斯科流產政變以來，蘇聯境內最重要的一項發展。它不但顯示戈巴契夫的權勢已一落千丈，繼之而起的葉爾欽亦面臨嚴重難題，而且也將使搖搖欲墜的蘇聯聯邦體制，加速走向崩潰之路。蘇聯的瓦解，可能已是不易避免的命運了。

但是蘇聯的瓦解和烏克蘭的建國成敗卻不一定是亦步亦趨的。現在擺在烏克蘭人民面前的，是諸多沉重而且複雜的問題，其中包括下列幾個主要面向：

第一、建軍問題。依據早先計畫，烏克蘭將獨立建軍四十萬人，如果此一計畫實現，這將成爲歐洲地區的一股強大軍事勢力。爲了避免鄰近的波蘭、德國的憂心，稍後烏克蘭領袖將軍隊規模縮小爲九萬人，而將四十萬人訂爲遠期目標。但即使如此，由於烏克蘭控制了大部分的黑海沿岸，而且其領導人已公開表示將接收部分的黑海艦隊，做爲獨立建軍的資源。果如是，則目前主控俄羅斯的葉爾欽，如何妥善解決此一權益衝突問題，應係烏克蘭獨立建國的一大考驗。

第二、財經問題。烏克蘭雖然有五千二百萬的人民和六十萬平方公里的土地，而且農業發達，資源豐富。但是由於過去蘇聯各共和國關係互賴而生存，因此其工業及經濟發展，仍與俄羅斯關係至爲密切。早先烏克蘭領袖仍承諾加入戈巴契夫所極力維繫的鬆散聯邦體制（有十個共和國參加），但後來卻因民族主義情緒壓力，不得不退出。目前蘇聯中央財政出現嚴重危機，葉爾欽臨危拔刀相助，一方面固然凸顯了蘇聯中央權威嚴重衰頹的事實，另一方面也顯示葉爾欽最後仍不得不希望維持一個中央控制體系的決心。這並不是因葉爾欽個人對戈巴契夫有何偏好，而係基於挽留烏克蘭的考慮。葉爾欽深知，如果蘇聯中央體制不復存在，則烏克蘭勢將走向分離之路，最後並將發行自己的貨幣，結果必將使烏克蘭境內的盧布流向俄羅斯，造成俄羅斯的財政困境。但是此一問題亦有其一體兩面。如果烏克蘭眞的置俄羅斯利益於不顧，俄羅斯亦有充分的能力和資源可以採取經濟制裁，造成烏克蘭本身的財經困境。因此，獨立之後的財經政策及與其他各共和國的合作關係，也將關係建國運動的成敗。

第三、民族問題。目前在烏克蘭境內，有爲數衆多的俄羅斯人（逾一千萬人）和猶太人（約五十萬人）。在民族主義和獨立建國的高昂情緒下，這些少數民族的出路，也是一大問題。過去烏克蘭有嚴重的排猶問題，頗受猶太人的指責。而俄羅斯人與其語言文化雖然相差不大，但仇視已久。如何淡化民族衝突，也需要烏克蘭領袖和人民的共同努力。另外，過去幾十年間，在蘇聯中央的主導下，大量的烏克蘭人移民中亞和西伯利亞等地，在哈薩克共和國，卽有約一百萬的烏克蘭人，在俄羅斯境內，更有四百餘萬的烏克蘭人，一旦烏克蘭走向獨立不歸路，這些移民的處境也是堪虞的。除了上述問題外，東烏克蘭人和西烏克蘭人（以涅伯河爲東西界）關係不睦，在宗敎文化上頗有差異（前者信東正敎，後者多信天主敎），因此如何處理內部人民問題，也是未來的重要問題。

上述的問題，只是現階段所呈現的主要困難，但已充分顯示了獨立建國的障礙。這些問題，不但需要烏克蘭人民的努力化解，也必需仰賴俄羅斯其他各共和國，以及西方歐美強權的鼎力協助，才能使烏克蘭人長期的建國之夢，成爲事實。

解體與重建

——新國協的危機

民國八十年十二月十日

蘇聯在十二月八日宣告解體。一個新的「獨立國協」已取而代之。這項消息，雖然不會讓一般的蘇聯觀察家感到意外，但卻毫無令人慶幸之感。因爲，取而代之的新國協，不管到底能撐住多久，也不管在最近的將來是否會有軍事政變、糧食危機、民族衝突，甚至內戰等流血情勢發生，但擺在我們眼前的，卻是一幅毫無新意的「新圖象」：

一、新國協的領袖們均出身共黨，只是在最近才以改革者、民粹主義者或民族主義者的面貌重新出現。但是，和波蘭、捷克或匈牙利過去幾年公民社會發展的情勢相比，來自民間的非共或反共政治領袖，並未在蘇聯的解體過程中獲得充分的發展空間。

二、蘇聯大帝國雖然解體了，但俄羅斯帝國卻依然存在。在俄羅斯之下，還有一億四千多萬的人民、十六個自治共和國和一百多個民族，也依然存在著嚴重的民族紛爭、獨立訴求和各式各樣的經濟與社會危機。

三、新國協的主管事務，包括外交、經濟事務、市場、運輸、交通、環保、生態安全、犯罪防治等，與戈巴契夫過去所提的「新聯邦條款」內涵，並無基本的不同。唯一較大的分歧，則是政治中樞將自莫斯科移往明斯克，這也意味著官僚系統可能將做一次大換班。但是除非東斯拉夫民族本身的政治文化在短期內也能重整一次，否則新國協的官僚問題可能也會和舊蘇聯時期一樣嚴重。除非葉爾欽等人能完全揚棄「改革」的理念，而從事眞正的「革命」任務，將官僚主義一體革命掉，否則新國協所面對的官僚貪腐積習，可能是一樣嚴重的。

四、儘管東歐各國，如波蘭的激進經改均告失效，而且沉痛期也已超過了一年。但葉爾欽卻承諾俄羅斯人民在經過物價飛漲的半年沉痛期之後，就有富裕的自由市場經濟的好日子過。現在，新國協也在經濟協定中進而承諾要全面推動激進經改計畫，這不啻將使目前莫斯科居民所面臨的缺糧、麵包一夕間漲價六倍、盧布對美金嚴重貶值（目前一美元兌九十盧布，爲上月份的二倍）等現象，普及於蘇聯各地的新國協境內。這種作法，雖然有助於消除境內的差別待遇，但卻是一種過激的手段。極可能會造成嚴重的人民生計失調及社會動盪。它的代價，也可能會遠比戈巴契夫失敗的「重建政策」，更嘗苦果。

五、新國協的權力核心，已自然移往葉爾欽等。和戈巴契夫原先草擬的「新聯邦條約」不同的是，原來戈巴契夫還願意與各共和國協商，交換條件，以求保住聯邦體制。但是現在新國協則是協約已先訂，只可談加入與否，卻不能再談加入的條件了。這顯示東斯拉夫三國根本不願考慮中亞五國、高加索區三國和摩達維亞等國的意願問題。三國領袖雖表示願與中亞的象徵領袖哈薩克會談，但卻只是在簽約之後的「照會」，而非事前的「協商」。這也凸顯了比戈巴契夫時代尤爲嚴重的「大斯拉夫主義」心態。這也預示新國協中的民族主義對立趨勢，將無以避免。

六、新國協的協訂中並未討論軍隊問題，顯然三國間仍需進一步協商。不過它卻承諾對核武將有統一的指揮中心。但是，同樣擁有核武的哈薩克目前卻不在新國協的「三創始國」之列。如果哈薩克竟然不加入國協，則此一統一指揮中心又將如何形成？無怪乎，美國方面深恐蘇聯的解體將造成核武新危機。不過，美國的憂心並不只是哈薩克問題而已，它同樣擔心的是，既然一個政治中心都已解體，一個控制力更爲薄弱的國協體制，又將如何確保核武不至流落到恐怖主義者或第三世界國家手中？新國協又如何可能僅憑一紙協訂，而確保它對國際和平的承諾？

除了上述的問題外，解體中的蘇聯還面臨著下列的嚴重困境，諸如：

第一、民族紛爭。包括高加索區的喬治亞、亞塞拜然、亞美尼亞、切陳、奧塞提亞等民族紛爭問題，摩達維亞的俄羅斯、烏克蘭、加加烏斯等少數民族的獨立問題，以及在中亞日趨高漲的回教民族主義及地區主義問題。隨著蘇聯中央權力的進一步削弱，此一問題極可能惡化，甚至可能演變爲南斯拉夫式的內戰，造成蘇聯境內嚴重的「巴爾幹化」。

第二、軍隊問題。儘管斯拉夫三國還有待進一步協商軍隊劃分問題。但在民族主義氣氛高漲的情勢下，此一問題很難獲得理性的解決。其中諸如烏克蘭要求將黑海艦隊部分劃入該國軍事體系之下，同樣的，波羅的海三國也可能要求將波羅的海艦隊劃歸該三國掌理，這均將造成各國與俄羅斯共和國之間的衝突摩擦。而軍方本身的態度如何，更是難以逆料。如果軍隊本身也受到民族主義的鼓舞，成爲民族紛爭的工具（有如南斯拉夫目前的情況），則戰亂情勢就將不易收拾了。

第三、貨幣問題。最近隨著盧布的巨幅貶值，已有不少共和國準備自行發行本國貨幣，並拋售盧布。則盧布勢必流向俄羅斯。爲了阻止此一情勢發生，俄羅斯共和國已在新國協經濟協定中提出要求，簽訂銀行協訂，控制貨幣供應。但是既然斯拉夫三共和國不把其他各國看在眼裏，而且有意卸除過去蘇聯中央所承擔的「移富濟貧」平衡政策，則這些窮困的共和國難道不會採取反制措施，自行發行貨幣，置盧布前途於不顧？因此，潛伏的通貨膨脹及貨幣危機，仍是存在的。

上述的問題，只是冰山一角而已。但卻都是新國協不得不面臨的嚴重問題。可惜的是，在激進化與民族獨立風潮的激盪下，蘇聯人民已經錯失了漸進改革及和平演變的良機，而走上了解體及對立的不歸路。但是，解體畢竟不是重建，推翻也不就等於改革，蘇聯當前所面臨的困境，恐怕將是二十世紀末人類所面臨的最嚴重考驗，以及對國際政治領袖的最深沉挑戰！

解體的蘇聯與新國協的危機

民國八十年十二月十一日

俄羅斯、烏克蘭與白俄羅斯三共和國領袖，在八日宣布，蘇聯已不再存在。並且宣告一個新的國協已經成立。此一聲明，不啻爲七十四年的蘇維埃帝國，敲響了最後的喪鐘。除非戈巴契夫或其他中央領導人能在近期內再做垂死之鬬，否則此一解體聲明，卽將成爲事實。冷戰時期結束後的國際關係，也將邁向一個新的里程碑。

但是，蘇聯的迅速解體，卻並不是自由世界之福。美國國務卿貝克已提出警告，蘇聯的瓦解可能會觸發南斯拉夫式的內戰，並有動用核子武器的危機存在。戈巴契夫自己在接受法國電視訪問時則指出，蘇聯一旦解體，情況將嚴重得使「南斯拉夫比較起來只像笑話一樣」。

戈巴契夫或貝克的警告均非過當之詞。擺在蘇聯或「新國協」眼前的，絕非一條坦途，也不是民族主義者或分裂主義者所承諾的光明之路。相反的，在嚴重的糧荒、經濟衰退、族羣鬬爭、社會失序及共和國紛爭的情勢下，一個缺乏中央指揮中樞的國協體制，只會使蘇聯當前面臨的困難有如雪上加霜。而且，揭開了聯邦解體的面紗之後，新國協的基本特徵仍包含了下列各端：

第一，事實上它仍是以俄羅斯共和國馬首是瞻。而俄羅斯共和國雖然只是蘇聯十五個加盟共和國之一，但它本身卻佔了蘇聯全國人口之半和四分之三的土地，它又下轄十六個自治共和國，領土幅員比美國還大。因此，新國協只是將權力中樞自戈巴契夫手中轉向葉爾欽。而葉爾欽所面對的俄羅斯境內的複雜問題，也是頗難解決的。除非俄羅斯共和國再進一步也走向解體，否則「龐大帝國」的本質依然未變。

第二，新國協雖然已準備將首都遷往明斯克，可以藉此拋棄過去莫斯科官僚體制的舊包袱。但是如果我們細觀新國協成立的協定內涵，它將主掌下列各國間的共同事務，包括：對外政治活動(外交)，創造及發展共同的經濟空間、歐洲及歐亞的市場，發展共同的運輸及交通系統，環境保護及生態安全，以及打擊組織性的犯罪活動。這些事務基本上與戈巴契夫原先草擬的「新聯邦條款」，並無根本不同。唯一重要歧異點，原先支持「新聯邦條約」的，是中亞各國及歐俄各國，但是由於烏克蘭民族主義聲勢大漲，執意退出蘇聯，而烏克蘭一旦退出，蘇聯勢將解體，因此只有以「國協」取代「聯邦」，而且由俄羅斯、烏克蘭、白俄羅斯三國先自組國協，其他各國加入與否，悉聽便之，但卻不再有過去組成新聯邦時討價還價的協商餘地了。無怪乎，中亞各國領袖在聽到「新國協」成立的消息後，頗有被拋棄與受辱的感覺。

第三，新國協承諾將統一控制境內的核子武器，果如是，則美國及西歐的核武假想敵，對象依然未變。只是決定按紐與否的領導人，換了一批罷了。但是對西方而言，威脅仍然存在，甚至更因爲擔心政情不穩，決策中樞未明大局，而出現意外情況，更加深了核武的危機。

第四，新國協的協定中，雖然未討論軍隊歸屬的問題，顯然此一問題還需要經由協商才能解決。但任何一位民族主義的政治領袖卻不可能完全置國內軍方權益於不顧。而且新而獨立的國家更需要軍隊的保護。基於此，大量裁軍應是不可能在短期內出現的。不過軍隊的指揮系統卻可能出現多元分殊的現象。因而在轉型期間，如何照顧軍方的基本利益，以免發生兵變或流血政變，也是新國協領袖們不可忽視的重大問題。

第五，在拋棄莫斯科中央體制的包袱後，發展較落後的高加索山區及中亞各共和國，很可能會因中央補助的切斷，而面臨嚴重的經濟及糧食危機。如果新國協的三核心國家置之不理或處理不當，今後將很可能會爆發民族衝突及內戰。情況絕不容樂估。而且可能會因之威脅到新國協的命脈。如果歐美各國無法或不願積極介入，將使戈巴契夫所預言的內戰危機，成爲不幸的事實。則解體的蘇聯勢將成爲二十世紀末世局動盪之源。

基於以上的分析，我們絕不認爲蘇聯此一龐大帝國的倏爾銷亡，是一件值得慶幸的事。因爲它的隕滅來得太快，也太勉強，而後繼的新國協卻又顯得準備不足、草率成事，而且還有太多「換湯不換藥」的舊包袱、舊面貌存在。多年以前，美國前總統雷根預言了「共產帝國」的隕滅，但現在眞的時機到來了，卻讓西方各國及自由世界放心不下，更難以開顏。這充分說明了蘇聯解體之後所凸顯的危機，要比它團結爲一體時更爲嚴重，而且更具威脅性。這也印證了一句政治定理：改革比革命更難成功，漸進的改造比激進的推翻更需要智慧、耐心和能力！戈巴契夫的失敗，就在於改革工作的艱困不易，以及蘇聯人民等待漸進改造的智慧、能力、耐性，均嫌不足。但是蘇聯終於走向解體之路，前景如何，就看新國協的人民如何努力了。

喬治亞「反反」政治的省思

民國八十一年一月十二日

喬治亞（正確譯名應爲「格魯吉亞」）共和國總統甘薩庫迪亞在叛軍得勢之後，逃往鄰國亞美尼亞，但是反對派得勢，成立由軍事委員會執掌的新政權後，卻公然違反自己口口聲聲的民主原則，對支持甘氏的示威羣衆，進行濫射，這已是叛軍第二次的血腥行爲，也造成不少無辜民衆的死傷。同時凸顯了喬治亞民粹政治的「反反」特質。亦卽：反對者雖以民主訴求爲口號，但卻不見容反對「反對者」的行動，而且竟以武力制裁的作法，反制這些新反對者的反對行動。

此種「反反」政治同時也出現在許多剛走向民主的東歐、拉丁美洲、及東亞國家，包括臺灣。這些反對運動雖以民主爲號召，但卻背負著深重的「非民主」、「反民主」性格，卽使是以「民主運動」爲名，卻不能容忍他人的「民主行動」。甚至是以專制、血腥的作法，強行壓制其他人不同的民主意見。這種「只准我有民主」的心態和作法，事實上只能稱作「解放」或「造反有理革命無罪」，與眞正的民主不相關涉。

就以甘薩庫迪亞爲例，他過去是一位知名的喬治亞詩人，在民選過程中脫穎而出成爲總統後，卻以專制殘暴作法鎭壓反對派人士。現在他的反對者以內戰手段迫其去職出亡，卻也開始繼承甘氏本人的作法，鎭壓新的反對者，如果我們將這樣的反對運動視爲「民主運動」，豈不是混淆了民主的眞諦，同時也矮化了民主化改革的應有成果？

「葉爾欽效應」的韃靼版

民國八十一年三月二十三日

俄羅斯境內的韃靼(音「達達」)自治共和國,在本月二十一日舉行公民投票,在兩百五十萬合格選民中,有八成二的選民參加投票,初步投票結果是六一・四%的人支持獨立,三七・二%的人反對。但是,韃靼共和國是否能眞的如願而獨立,卻頗成疑問。

韃靼人是韃靼共和國內的主要民族,但在全國之中人口卻僅有一半左右(四八%),另外還有四三%的人口係俄羅斯人。韃靼共和國目前人口是三百七十萬人,國土面積是六萬八千平方公里。首都喀山曾是俄共領導人列寧學生時代的母校所在地。後來喀山大學改名爲列寧大學,以資紀念。必須一提的是,在舊蘇聯、新的獨立國協境內,共有近七百萬的韃靼人,而韃靼共和國境內的韃靼人,則僅爲其中的四分之一。另外在西伯利亞、克里米亞半島(現爲烏克蘭境內)還有爲數不少的韃靼人。

韃靼民族多信奉回教,語言和土耳其人近似。在十六世紀以前,韃靼人與蒙古人統治俄羅斯達三世紀之久。西元一五五二年,俄王恐怖伊凡率軍攻入喀山,結束了韃靼汗王的統治。但是韃靼人悲慘的命運卻從未停歇，在史達林統治期間，克里米亞地區的韃靼人曾被迫遷移至西伯利亞，在遷移過程中死傷無數，直至最近幾年，這些韃靼人才獲准重返家園，但故土卻多已爲俄羅斯人所佔據了。

雖然韃靼人和俄羅斯人曾爲世仇，但在韃靼共和國境內，兩大民族的關係卻相當不錯，通婚也頗爲頻繁。但是由於「葉爾欽效應」的影響，獨立風潮席捲全蘇各地，不但十五個昔日的加盟共和國已紛紛獨立，逼使蘇聯解體。而在俄羅斯境內，層級更低一階的十六個自治共和國，也想藉獨立訴求而獲得更大的自主權力。因此，繼切陳印古什共和國（在高加索山區）的獨立行動後，韃靼共和國終於也加入了獨立公民投票的行列。

支持獨立的一方，主要是過去的共產黨領袖，包括總統夏米伊夫，他們爲了保住權位，乃倣傚俄羅斯、烏克蘭領導階層的先例，改採民族主義訴求，以民族獨立、經濟自主、掌握國家資源爲號召，進而激化民族對立，藉以從中得利。反對獨立的一方，則深恐因此而使和諧的民族關係在一夕間惡化。但投票結果顯示，支持獨立的聲音已壓倒了反對的一方。

在俄羅斯中央方面，葉爾欽雖然係藉獨立行動而掌握大權，但卻絕不願見俄羅斯境內的十六個共和國倣傚他而走向獨立之路。因此，他在韃靼的獨立投票前歷經努力，期望能阻止此一行動，但最後卻功虧一簣。葉爾欽並提出警告：「在任何情況下，俄羅斯的統一，包括領土、國家及法律的整體性，這條線是絕不容跨越的」。韃靼共和國的領袖則指責這種作法正顯示葉爾欽和舊日的蘇聯領袖一樣，爲了俄羅斯的中央控制而忽略其他民族的基本權益。

的確，既然俄羅斯可以從蘇聯獨立，爲什麼韃靼就不能從俄羅斯之中獨立呢？更何況，韃靼境內有世界最大的喀瑪德貨車製造廠，也有年產三千萬噸的石油設備，這些資源如果能爲韃靼共和國自己所主控，自是不可忽視的重大經濟利益。因此，在政治權位和經濟利害的雙重考量下，一個「新而獨立」的韃靼共和國，也就在「葉爾欽效應」的激盪下孕生了。

但是爲了免於韃靼獨立對其他自治共和國的連帶影響，葉爾欽自己將如何面對「葉爾欽效應」呢？是坐視而默認；還是走上談判桌；還是像上次對切陳獨立事件一樣，派軍鎭壓，成爲另一個「新沙皇」？我們且拭目以待。

波士尼亞內戰的複雜背景

民國八十年五月八日

南斯拉夫內戰的主戰場——波士尼亞——黑塞高維那，目前已陷入極端惡化的情境。死傷人數不計，據報導，該國目前缺糧達七萬噸，在首府沙拉耶佛（人口五十六萬人）居民排隊在街邊向運貨的卡車購買麵包。而該市有十萬兒童（年齡在十二歲以下）無牛奶及兒童食品可吃。但是內戰狀況依然無改善跡象。聯合國目前雖派駐有一百名軍事觀察員，但對爭端的解決卻毫無轉圜的契機。

波士尼亞——黑塞高維那境內有四百餘萬人口，主要組成民族係塞爾維亞（信東正教）、克羅埃西亞（信天主教）與回教徒。過去兩年間塞爾維亞及克羅埃西亞人的交戰，即將該國帶入危境。現在再加上與回教徒之間的戰爭，情況更是一發而不可收拾。

如果從近代史角度看波士尼亞問題，其複雜背景更是昭然若揭。一八七八年，奧匈帝國侵佔此地，一九〇八年，正式宣布併吞。結果引起當地的塞爾維亞人的嚴重不安。一九一四年六月二十八日，奧匈帝國王儲費地南德大公夫婦在沙拉耶佛被塞爾維亞恐怖主義者普林西比所刺殺，第一次世界大戰因而爆發。德國、奧地利、義大利三國組成三國同盟，與俄國、法國、英國等的協約國，展開全面的戰爭。塞爾維亞則受到協約國的支持，並持續其長期反德的立場。最近南斯拉夫的解體，尤其是斯洛維尼亞及克羅埃西亞兩國的獨立，德國都是其中的主要支持者，但塞爾維亞人在蘇聯解體而又缺乏國際支援的情勢下，爲塞爾維亞人的權益展開殊死戰，並持續擴大戰爭規模，實在是有其深厚的歷史成因。在這樣的處境之下，波士尼亞——黑塞高維那不僅背負著一次大戰爆發點的歷史包袱，而且也將再度成爲動盪的巴爾幹半島之下的火藥庫了。

悲情南斯拉夫

民國八十年六月三十日

南斯拉夫聯邦政府已與斯洛維尼亞當局達成協議，暫時停火，但是南斯拉夫的情勢卻是不容樂估的。我們可以從下列幾項資料中看出：

第一，南斯拉夫境內存在著嚴重的南北經濟差距。此次宣布獨立的斯洛維尼亞人民平均所得是南國一般人民平均的兩倍，更是南國最窮困的科索伏自治省（人口以阿爾巴尼亞裔為主）的七倍。斯洛維尼亞共和國不願再對他的「窮兄弟」進行補貼，並絕席而去，但是這勢將使南國本身嚴重的經濟問題雪上加霜，因此獨立行動絕不可能為南國聯邦政府和全體人民所接納。

第二，南國主體民族塞爾維亞人佔全國人口三分之一強，約八五〇萬人；而宣布獨立的克羅埃西亞人則為四七〇萬人，斯洛維尼亞人口則不到二〇〇萬人。在聯邦軍隊中，塞爾維亞人卻佔了軍官總人數六成以上，由於塞爾維亞人一向與克羅埃西亞、斯洛維尼亞兩族不睦，因此軍方的鎮壓行動乃隱含著族裔鬥爭的色彩。

第三，在宣布獨立的兩共和國中，都有反對獨立的少數族裔，其中又以克羅埃西亞最為嚴重，境內有百分之二一的少數民族，並包括五、六十萬的塞爾維亞人。由於克羅埃西亞人與塞爾維亞人的對立始於十九世紀民族主義勃興之際，克羅埃西亞人反中央集權，而塞爾維亞人則強調內部團結及中央集權。爾後在一九四一年德軍入侵時還曾發生互相殺戮事件，現在又加上獨立風潮，新仇與舊恨交雜，更凸顯了問題的複雜性。

由此看來，南國的內戰或許會暫時停歇，卻依然是處在悲情邊緣！

摩達維亞的種族紛爭

民國八十年九月三日

蘇聯西境鄰羅馬尼亞的摩達維亞共和國（原比薩拉比亞），已宣布獨立，結果引發境內的少數民族俄羅斯人、烏克蘭人和土耳其裔加加烏斯人的集體反對，甚至要脅武力相抗。加加烏斯人先已建立了「加加烏斯共和國」，而俄羅斯人和烏克蘭人也在去年於聶斯特河岸地區建立了「聶斯特共和國」，但蘇聯中央和摩達維亞共和國都拒絕承認此二自行宣告獨立的小國家。摩達維亞的「雙重獨立風潮」和「三重民族主義」，正足顯示此一地區民族獨立問題的高度敏感性。

在蘇聯各加盟共和國中，摩達維亞的土地面積、人口比例與臺灣相當類似。摩國土地面積爲三萬四千平方公里。在四三〇萬人口中，羅馬尼亞人居六成五，俄羅斯人佔一成四，烏克蘭人佔一成五，另有少數的猶太人、保加利亞人和加加烏斯人，合佔一成左右。但是和臺灣不同的是，長期以來這些不同族羣和主體民族羅馬尼亞人關係不睦，因此儘管蘇聯早在一九二四年十二月就已建立了摩達維亞自治共和國（爲烏克蘭共和國之一部分），後又併入羅國，再劃歸蘇聯，並在一九四〇年八月將其升格爲加盟共和國。但民族紛爭始終不斷，近年的民主改革風潮，更使民族對立情況日益劇烈。終於在最近摩達維亞宣布獨立之際，形成劍拔弩張之勢，出現了「雙重獨立」的奇特現象。

值得注意的是，在俄羅斯共和國境內，另有一名稱十分類似的「摩爾多瓦自治共和國」，土地面積二萬六千平方公里，人口約一百萬人，摩爾多瓦（Mordovian）語屬烏拉爾語系的「芬蘭—烏戈爾」語族，與摩達維亞（Moldavian）語所屬的印歐語系羅曼斯語族，完全不同，兩國距離亦將近一千公里，絕不可將其混淆。但這也正凸顯了蘇聯民族問題的複雜性。

三、波羅的海區的獨立問題

立陶宛前途難樂觀

民國八十年一月十三日

蘇聯軍隊在十一日進佔立陶宛首府維爾拿的國防總部和新聞中心，使立陶宛獨立事件急轉直下，面臨著生死交關的考驗，這是十個月來立陶宛當局與蘇共中央緊張關係的最危險時刻，也是蘇聯軍方最後終於伸出鐵腕，進行公開鎮壓的關鍵時機。立陶宛何去何從，實在是不容樂估的。

蘇聯軍方選擇目前的時機進行鎮壓，主要是基於下列考慮：

(一)目前正值中東局勢日緊，全球媒體焦點全神貫注波斯灣之際，蘇聯在此時出兵，可以減低國際的指責，也讓西方無暇對立陶宛伸出援手。

(二)蘇聯各加盟共和國目前紛紛主張獨立（或主權自立），如果再不處理，勢必衍生「骨牌效應」，造成蘇聯聯邦體制的全盤崩潰。

(三)戈巴契夫的改革政策已面臨整體失敗的危機，如果再加以獨立風潮，將逼使戈巴契夫下野，並造成蘇聯政局羣龍無首，分崩離析。

(四)戈巴契夫雖是改革、開放政策的主要推動者，但他至少還能保障軍方及情治系統的利益，因此仍然爲此三大系統所支持。但如果戈氏倒臺，換上其他激進改革者(如葉爾欽)，勢必威脅到軍特勢力的生存權益，因此他們必須扮演「軍監」角色，爲戈巴契夫鏟除反對勢力。

基於此，在經過多次警告後，蘇軍終於展開了對立陶宛的軍事制裁行動。儘管西方國家及東歐鄰國，包括美國、波蘭等，均表示高度關切，但卻分身乏術，口惠而實不至。難怪立陶宛國家主席藍茲柏吉斯不由得慨嘆：「蘇聯軍隊正在立陶宛土地上濺血，這和波斯灣戰爭無異，只是發生在歐洲罷了。爲什麼西方政府不明白的表示，蘇聯是在攻擊另一個國家，爲什麼西方領袖不用他們的熱線打電話給戈巴契夫？」

的確，對於美國而言，立陶宛，和它鄰近的愛沙尼亞、拉脫維亞一樣，並不是蘇聯的一部分，因爲美國根本不承認蘇聯在四、五十年前併吞了這三小國。因此，從法理上看，蘇聯的確是在攻擊另一個國家。但是，由於美國目前正爲波灣變局焦頭爛額，而且也深懼蘇聯在短期內面臨瓦解噩運，造成整個西方世界的沉重包袱。因此立陶宛恐怕終將成爲蘇軍鐵蹄下的犧牲品。這固然凸顯了弱小國家與民族的悲涼命運，也說明國際強權政治的冷酷現實，立陶宛獨立事件的不幸發展，再一次陳示了上述的困境。

從立陶宛事件看臺獨

民國八十年一月十四日

蘇聯軍隊終於在僵持十個月後，以鐵蹄鎭壓了立陶宛的獨立運動，設立了親蘇的傀儡政府，並造成十三人死亡與一百四十四人受傷。無疑的，這是另一次的「天安門事件」，它不但凸顯了共黨極權本質的邪惡恐怖，也透露出弱小民族在強權政治下的無奈與悲涼。但是，口口聲聲喊著國際正義與人權外交的歐美大國，以及鄰近立陶宛，一向力倡國際和平的北歐諸國（包括瑞典及挪威），卻都眼睜睜的看著立陶宛人死在鐵蹄之下。這不由得讓人仰天長嘆：爲什麼在波斯灣可以伸張的國際正義，在波羅的海三小國就變得黯淡無光？爲什麼中東的猶太人可以得到英美等強權的保護，但是西方最古老民族之一的立陶宛人，卻只有以血肉之軀面臨著坦克的輾壓？

這是立陶宛人的無奈，也是很可能即將面臨同樣噩耗的愛沙尼亞人與拉脫維亞人的悲零孤運。但是，我們卻不應忘記，美國至今仍不承認這三小國是蘇聯領土的一部分，換言之，蘇軍的鎭壓在美國眼裏，根本就是一次對外國的入侵行動。但是，美國人卻只有睜眼旁觀，甚至日後是否會發動國際經濟抵制，都難以逆料。無怪乎，困陷圍城的立陶宛領袖藍茲柏吉斯不由得發出怨言：「爲什麼西方領袖不用熱線打電話給戈巴契夫?」「這是蘇聯對立陶宛發動的眞實戰爭啊!」

在全球各地領袖眼睜睜看著蘇軍入侵的行動時，最感幸災樂禍的，恐怕就是中共的軍頭們了。一方面，他們又可振振有詞的強調「天安門事件」中共軍鎭壓行動的必要性；另一方面，他們也相信「立獨」事件的教訓對「臺獨」必將產生嚴厲的警惕作用。但是，我相信，堅決主張臺獨的人士，並不會因爲此一教訓而有任何退縮，相反的，他們可能會更堅定的反詰道：「來打打看吧，看誰怕誰!」

但是，「民氣可用」與「德不孤，必有鄰」的古訓在當代卻不是一定管用的。如果美國和立陶宛的北歐鄰國尙且無法幫助「立獨」，我們又如何能保證，美國和我們的東亞鄰國，如菲律賓、日本、南韓等，會對「臺獨」伸出援手?我們更不易想像，一旦臺灣以新國號、新國旗、新憲法走向獨立之路，就可能重返聯合國，也就會變成「東方的瑞士」了。相反的，在立陶宛事件的教訓中，我卻相信，只要我們竭盡各種努力，並保持自己的國格與尊嚴，我們仍然能走出屬於自己的一條路。這條路，雖然不會是獨立的「東方瑞士」，但至少也不會是另一個「東方的立陶宛」!這也是國人應共同思索的大課題。

立陶宛悲劇的面面觀

民國八十年一月十五日

去年三月十一日，立陶宛宣布自蘇聯獨立，並連續引發其餘十幾個蘇聯加盟共和國的主權獨立行動。現在，十個月過去了，戈巴契夫剛剛獲得諾貝爾和平獎，卻選擇了西方各國爲波斯灣局勢焦頭爛額之際，派軍閃電進佔立陶宛，並以血腥的屠殺鎭壓立陶宛的獨立運動，掌握立國政局，設立親蘇政府。雖然國際間爲此已響起了反蘇之聲，但國際強權政治的冷酷現實，卻已註定立陶宛的獨立行動，終究只是「飛蛾撲火」，立陶宛人的悲慘命運，是很難在短期間得到拯救的。

另一方面，對戈巴契夫而言，雖然他個人的改革形象因爲此次的鎭壓行動而面臨斲傷，也使諾貝爾和平獎的權威性再一次受到諷刺的打擊，但是戈巴契夫做爲蘇聯聯邦體制鞏固者的角色，卻因而重獲肯定；而蘇聯軍特勢力也將益形堅定的站在戈巴契夫身後，成爲他的重要支持者。這說明了在極權體制之中，任何牽動體制生存的改革行動，都不能爲共產專政所容許。而在人道、和平與個人權位、體制安危之間，也往往是爲後二者而犧牲了前二者。因此，無論從民族自決、國家生存與國際正義等角度看來，立陶宛人的獨立行動都有其正當性，但是一旦立陶宛面臨蘇軍鐵蹄的鎮壓時，竟然沒有任何一個歐美國家——包括從不承認蘇聯擁有波羅的海三國的美國，以及高度強調人權與正義的挪威和瑞典，肯伸出援手，眞正的解救立陶宛人民的悲慘命運。

基於此，我們必須承認，歐美各國及國際聯軍在面對波斯灣與波羅的海地區的侵略行動時，抱持著兩套不同的標準。如果伊拉克是和蘇聯一樣的強權，我們很難想像歐美各國也會這樣積極的派軍應戰。但這也正是立陶宛人的不幸。因爲他們雖然是現存於全歐洲的最古老民族之一，有著光輝悠久的歷史文化，但他們卻也像是國際的孤兒，儘管歐美各國均投以憐惜的眼神，但卻沒有任何一個國家（或許波蘭會是例外，並允許立國流亡政府正式成立），肯在危急關頭，眞正的解救他們，脫離暴政與共黨統治。

因此，雖然立陶宛事件是另一次「天安門事件」的翻版，但卻很難引起西方各國的強力抵制。這一方面固然是因爲中東變局發生，造成各國自顧不暇，另一方面則是因爲歐美領袖深恐戈巴契夫一旦垮臺，蘇聯帝國崩潰，反將造成全球性之動亂。因此，儘管蘇軍的鐵血行動頗受國際指責，但恐怕也僅止於「口責而實不至」，恐怕不可能眞正展開全面性的對蘇經濟制裁。

立陶宛變局更說明了一項殘酷的事實，那就是共產政權的「改革」，充其量只是統治方式的改革，而不是民主的改革。因爲民主改革所帶來的政治資源分配運動與自由經濟的市場法則作用，都直接對共產統治及其體制發生嚴重的衝擊。共產政權既不願放棄專政，又無法以集體經濟的體系來適應自由經濟的要求，所以，當人民起而要求政治權利與經濟福利時，共產政權最後只能以武力來鎮壓人民的期望升高。除非民主運動的力量大到足以推翻共產政權；否則必然會引起統治當局的殘酷反撲。

這是立陶宛悲劇的內涵，也是東歐自由化面臨的嚴重考驗，更是戈巴契夫改革運動現階段的凶兆。

對於蘇聯之最後果然對立陶宛使用武力，中共很可能會覺得戈巴契夫是自貽伊戚，搬石頭砸自己的腳。如果中共因此而慶幸沒有走戈巴契夫路線、自幸維持「四個堅持」、「中國社會主義」的正確，那眞是很可悲哀的事。

立陶宛獨立運動的遭到蘇聯的武力鎮壓，以及國際間反應的無力，很可能會對中共產生鼓舞作用。基於此，我政府今後在臺海互動交往之中，以及在面對統獨紛爭時，都必須特別愼重，以免中共當局以爲有機可乘，對臺使用武力。從而我們特別要向政府及民間呼籲，由於立陶宛事件很可能會對中共產生錯誤的「示範」作用，因此統獨之爭的泛政治化應設法消弭，大陸政策對兩岸民間交流應加強和平統一的導向。在面對中東變局之際，我們絕不可將視野及焦點局限於經濟層面的可能影響，相反的，加強國防安全，確保人民福祉，以及維護臺海安寧，才是在當前國際變局中，我們最應關切的生存問題。

波羅的海三小國的無奈

民國八十年一月二十四日

蘇軍選擇波斯灣戰爭正熱之際，再度摧毀波羅的海地區人民的尋求獨立的行動，毋寧是一種極權主義行徑的表露。但是，相對於美英等國在波斯灣地區的「整頓行動」，他們卻對波羅的海地區毫無作爲。事實上，從美國的角度看來，愛沙尼亞、拉脫維亞及立陶宛三國，都不是蘇聯領土的一部分，換言之，美國根本不承認這三國被蘇聯侵略的事實，也就是說，這三國的獨立行動，是合法而正當的。

但是，美國在波斯灣地區，卻基於石油的利益，與地區戰略的考慮，對侵略科威特的伊拉克實施強力的制裁，對於手無寸鐵的波羅的海三小國人民，卻只有觀望了。

但是另一方面，三小國的獨立行動，也無異是以卵擊石，甚至是飛蛾撲火，自始就注定了失敗的命運。因爲今天西方國家在面對蘇聯的動盪與危機時，主要的考慮並不是三小國人民的獨立意願，而是如何鞏固戈巴契夫的權威與統治能力，使蘇聯不在短期內分崩離析，並造成全球另一個動盪之源。無怪乎雖然蘇軍最近一連串的鎮壓行動，無異是「天安門事件」的另一翻版，但是，國際媒體及西方國家卻並不以箝制中共的方式同等對待，甚至是否會採取全面的對蘇經濟制裁，都頗成疑問。這不禁讓我們要問，國際間實在沒有一套放諸天下皆準十二個共和國，也不得不臣服於蘇聯中央的權威，或許由葉爾欽所領導的俄羅斯共和國會是重要的例外。但是，我們不要忘了，蘇聯中央武力的主體本係俄羅斯人，因此，若談俄羅斯共和國脫離蘇聯，則實在並非眞實的分離主義問題，而只是兩套不同意見領袖之間的兄弟鬩牆罷了。

總而言之，波羅的海的血腥事件，讓我們深刻的體會到，獨立與自決雖是弱小民族與國家嚮往的標的，但卻不是容易掌握的自發性因素。甚至我們可以說，在強權的威脅與恫嚇下，獨立的代價是極其昂貴的，這不但是波羅的海人民的無奈，也是我們在面對國際政治的冷酷現實時，必須記取的慘痛教訓。

戈巴契夫與波羅的海三小國命運

民國八十年一月二十七日

經過了十個月的僵持局面，蘇聯軍隊在本月份進攻波羅的海地區的立陶宛和拉脫維亞，造成了二十餘人死亡，數十民衆受傷的慘劇，不但震驚了全世界愛好自由民主的人士，也使世人再一次看清了共黨極權的暴戾本質。

波羅的海地區的流血慘案，在性質上與一九八九年的六四天安門事件並不完全相同；但卻都是爭取自由民主與基本人權的非暴力和平運動。可是中共和蘇共的鎮壓作法卻如出一轍。所不同者，係蘇聯領袖戈巴契夫，一直是以和平改革者的形象著稱，而中共方面的領導人，尤其是強硬派的軍頭們，卻以僵硬保守聞名於世。但是，儘管在外觀上的形象是如許不同，可是雙方在面對民運時卻同樣地選擇了武器和坦克，而不是和平談判或溝通協調。這說明了一項重要的事實：無論是共黨的改革派或強硬派，他們在面對民主運動和威脅到共黨統治地位的挑戰時，都會採取相同的鎮制措施，甚至是血腥的暴力，以圖摧毀人民的抗爭意願。因此，無論是戴著笑臉或怒容，無論是力圖親善或僵硬剛愎，共黨的殘民以逞、冷酷無情的本質，實不分軒輊。基於此，儘管戈巴契夫多年來不斷得到西方的肯定支持，甚至得到了諾貝爾和平獎，但目前他的和平形象卻已成了反諷，並且也已招致國際間的交相指責。美國方面已考慮將對蘇聯進行經濟制裁，而歐市各國也將暫停對蘇聯的糧食援助。

但在另一方面，蘇聯軍隊的鎮壓行動卻也的確逼使拉脫維亞等國政府當局讓步。拉脫維亞國家主席戈布諾夫，正對莫斯科當局承諾，將就該國的獨立問題，舉行公民投票，他也同意戈巴契夫的看法，認爲目前由主張獨立的民族運動人士所主控的拉國國會的某些立法，應予重新檢討。這與早先這三小國堅持獨立，拒絕就獨立問題舉行公民投票的立場，顯已有重大調整，尤其值得重視的是，目前在拉脫維亞境內，拉脫維亞族人只佔總人口的五成多，而俄羅斯、白俄羅斯等斯拉夫民族人口亦多達三成餘。因此，若眞將獨立問題付諸國民公決，則獨立案很可能會被否定。基於此，如果蘇聯軍方的武力行動持續下去，則三小國原先的獨立立場，可能均會發生重大的轉變。這或許正是這三小國人民的無奈吧！

但是，即使戈巴契夫可能會在抵拒獨立風潮一事上獲得勝利，但他的改革政策卻已面臨全面潰退的危機。克里姆林宮在目前發出了一項貨幣緊縮的命令，要求在三天之內將全蘇聯所有五十與一百盧布面值的鈔票自市面上收回，而人民自銀行中提款的數額也受到嚴格控制，此一措施旨在遏止黑市經濟的擴張，並抑低嚴重的通貨膨脹。但是此一措施卻已爲蘇聯脆弱的經濟帶來了嚴重的影響，在黑市中，一百盧布面鈔的價値已驟降至只有十五盧布，蘇聯經濟學者指斥此種緊縮措施絕非「改革」，而實係「強盜的作法」〔二〕。另外，各加盟共和國也不願遵行此項措施，中亞的烏茲別克共和國就決定將換鈔期限延長爲一週，其他許多國家也對蘇聯中央的作法不表苟同。

但是，蘇聯改革中的最大困境，正是改革一直局限於政治領域，卻在經濟改革上遲遲未進，一籌莫展。無論是蘇聯僵固的計畫經濟（或稱統制經濟）體制，混亂的外滙價格系統（其中美金官價與黑市價差達十五至二十倍），低效率的生產及運輸體系，以及日趨嚴重的通貨膨脹、失業及貧窮問題等，均使蘇聯人民深感不滿，但目前這些問題卻在日漸惡化之中。甚至連一向被稱爲「歐洲糧倉」的烏克蘭，竟也因運輸系統失調及黑市猖獗，而爆發了缺糧問題，由此益可見蘇維埃體制的無能與失效了。

不過，戈巴契夫雖然自承在經濟改革上全盤失敗，但目前蘇聯的領導者中卻沒有任何人可以取而代之。因爲不管是保守強硬派的李加契夫或激進改革派的葉爾欽，均可能因爲他們的偏激立場，而爲蘇聯帶來更大的災難和動亂。而蘇聯軍方及特工，也深知唯有戈巴契夫，才能維持蘇聯聯邦體制的完整，並維護他們的個別利益。因此，戈巴契夫也只有縱容他們在波羅的海地區的強硬鎮壓行動，以換取公安保守勢力對他的支持。這不但說明了戈巴契夫權力基礎的眞正來源爲何，同時也凸顯了蘇共改革派畢竟仍然是不折不扣的共產黨的最終本質，這或許也正是對全球共黨統治地區的人民，最重要也最需認清的一項「鐵的事實」吧！

悲壯的立陶宛人

民國八十年二月十一日

蘇聯境內立陶宛共和國日昨舉行公民投票，以表達對獨立一事的看法，開票結果顯示，逾九〇%的票數支持獨立，反對者則只佔六・五%，餘爲廢票。在立陶宛的三百七十萬人口中，有兩百七十萬的合格選民，而此次的投票率高達八四%，足以顯見立陶宛人民的獨立意願，是十分堅定而熾烈的。

立陶宛政府早在十一個月前就已宣布獨立，經過了蘇聯中央的經濟制裁與武力鎭壓，甚至枉死了多位民衆，但立陶宛人民力主獨立的悲壯決心，卻絲毫未變。立陶宛國家主席藍玆柏吉斯承認此次的獨立決定很可能會招致另一波的蘇軍鎭壓，但他卻引述一位立陶宛詩人的話說：「即使在最黑暗的時刻，我們仍滿懷希望高歌。」但是，從當前蘇聯的政局和權力關係看來，蘇軍的鎭壓行動似乎不易避免。而戈巴契夫業已聲明，將不承認立陶宛的投票結果。相反的，他將以三月十七日在蘇聯全國境內舉行的公民投票，做爲最後的準繩。分析家認爲，如果蘇聯全國的民意是反對加盟共和國獨立行動的話，則對立陶宛的鎭壓行動勢必立卽展開。但如果獨立行動受到蘇聯大多數民衆的支持，則戈巴契夫勢必下野，蘇聯也就將分崩瓦解，陷入內戰的泥淖中了。

但是立陶宛人的悲壯決心卻是舉世罕見的。如果西方各國，尤其是口口聲聲「國際正義」的美國政府再不伸出援手，這一幕「立陶宛的悲歌」，恐怕就眞的要在黑暗之中孤絕但堅毅的唱出了。

愛沙尼亞獨立後的族裔紛爭

——兼論臺灣民主化過程中的相關處境

民國八十二年一月十日

波羅的海三小國中最北的國家——愛沙尼亞，在宣布獨立二年之後和大多數東歐及前蘇聯地區一樣，陷入了民族紛爭的泥淖。在這個人口一百六十萬的國度裏，只有百分之六十的人口係本土的愛沙尼亞人，其餘近六十萬，約佔全國人口百分之四十的少數民族（其中主要是俄羅斯人），目前正爲無法取得公民權或淪爲次等公民而困擾不已。

根據《紐約時報》報導，近期通過的一項愛沙尼亞法律規定，凡是在一九三八年（蘇聯侵略愛沙尼亞之前）未登記爲愛國的公民的人及其子孫，都無法獲得獨立後的公民權。卽使這些人會說愛沙尼亞語，也只能再等待一年，通過流利的語言測驗後，方得提出公民申請。但卽便如此，也還是無濟於事。因爲最近愛沙尼亞通過的一項複決案顯示，本土的愛沙尼亞人決定不讓目前正在申請公民權的五千位居民，參與今年九月的大選。因此，在一個人口一百多萬的小國之中，竟然就有百分之四十的成年人口，得不到參政的權利和機會。這無寧是愛沙尼亞獨立的一項後遺症。

此一偏狹的地域意識，影響無疑是負面的，但企圖則是複雜的。愛國當局希望能藉著此一歧視性的規定，逼使俄裔人口早些遷離愛國，尤其是俄裔的軍人和工人。但是，這些俄裔人口多半已是幾十年住在愛國，早已生根。而俄羅斯目前又面臨嚴重的經濟危機，失業率偏高不下，外來人口往往又無屋可居，因此儘管愛國希望逼使這近六十萬的俄裔人口早些離開，但實際上眞正離開的卻不過是一萬多人。更何況，在這六十萬非公民人口中，有不少人早已把愛沙尼亞視爲自己的祖國，甚至成爲一九八九年以來波羅的海三國獨立運動的急先鋒。可是他們卻萬萬沒想到，雖然他們支持獨立，反對蘇聯，而一旦眞正獨立之後，卻反成爲歧視和驅離的對象，「無枝可依」的困境，是不難體會的。

但是，愛沙尼亞人民卻已完全陷入東歐民族主義的泥淖之中，愛沙尼亞人不但排斥非公民和俄裔人口，甚至連同文同種的芬蘭人（同屬芬蘭—烏拉爾語族）也看不順眼。愛國首都塔林和芬蘭首都赫爾辛基隔海峽相望，在前蘇聯統治時代，愛國人民即長期觀賞芬蘭的電視節目，並享有當時蘇聯十五個共和國中最高的生活水準。但是近年來由於獨立運動導致孤立，又曾受到前蘇聯的經濟封鎖，再加上新國協經濟衰頹的影響，經濟條件已一落千丈，愛國人民對前來觀光的芬蘭人也頻生不滿，衝突時起。其處境與臺胞赴廈門地區觀光置產，引起當地閩南人不滿的情況，頗爲類似。只是，愛沙尼亞人口不過是一百餘萬，如果長期採取排外、偏狹的民族立場，對其未來的獨立生存，實在是十分不利的。

一位愛沙尼亞塔土大學的語言文獻學者，在接受西方媒體訪問時說：「最壞的事情是，愛沙尼亞人被教導成，將反蘇聯與反俄等同爲一。」其結果則是，卽使是反蘇共的俄羅斯裔，也都成爲排斥之列。事實上，類似的情況在整個前蘇聯和東歐地區，亦十分普遍。在一九七〇、八〇年代，波蘭人民往往將「民族主義」和「反俄」，視爲同義複詞。在當今的南斯拉夫，塞爾維亞民族主義和反塞爾維亞的地區民族主義，已經掀起了本世紀中葉以來歐洲最嚴重的內戰及民族紛爭。而在前蘇聯的摩達維亞共和國（以羅馬尼亞裔爲主體人口），反俄與反蘇目前也成爲同義語，並造成了嚴重的民族對立。此外，在新獨立的喬治亞、烏克蘭以及將要獨立的斯洛伐克，前共黨領袖輕易的以民族主義的訴求重新包裝，一夕間，竟然成爲新的民族獨立領導人，繼續掌理國政，威行專政，這無寧是藉獨立之名，對民主體制的最大嘲諷。

然而，反觀臺灣，竟然也有人成功的將臺獨與民主等同於一，並獲得了部分選民的肯認。在這樣的氛圍下，民主就成了臺獨的同義語，臺灣民族主義與大中國主義的紛爭對立，以及伴隨而來的省籍之爭、統獨之爭，也已在全島許多角落裏掀起狂風巨浪。許多人和前述的愛沙尼亞人一樣，將「反國民黨、反中國、反外省人等同爲一。」認爲反外省人才是眞正愛臺灣、反國民黨才是眞民主，反中國更是臺灣的唯一出路。但是如果我們提出警語：「難道臺灣的明日就是東歐的今天？」這些偏狹的民族主義狂熱者卻會反唇相譏：「這正是對臺灣沒有信心的反映，臺灣好的很，外國的經驗全不相干，只要臺灣獨立了，一切都沒問題！」

但是，儘管愛沙尼亞的經驗或是東歐的獨立與民族問題，可能與臺灣全不相干，我們卻不能忽視另一個業已被驗證的事實：獨立和民主也可以是全不相干，甚至背道而馳的兩件事情！否則的話，從亞塞拜然、愛沙尼亞、烏克蘭、摩達維亞、喬治亞，到斯洛維尼亞，這許多國家獨立之後，為何民主的規範問題越來越為嚴重，民族紛爭也日益激化，而偏狹的民族主義者曾經信誓旦旦的好日子，卻始終沒能到來？

由此看來，民族主義既非毒蛇猛獸，也非萬靈丹，而眞正重要的是，看待民族主義口號之外的其他訴求。目前在臺灣，言論層次的臺獨，已不再視為禁忌。而臺獨訴求的實際內涵，也是南轅北轍，從溫和的反中共與「革新保臺」，到激烈的「反外省人兼反中國人」，都可標上某種程度的獨臺或臺獨標簽。但是我們眞正應了解的卻是，這些不同的臺獨主張中，有那些是寬容的、漸進的；有那些是偏狹的、暴戾的；有那些是眞正基於全民利益的考量，而又有那些只是以臺灣民族主義為包裝，卻以臺獨法西斯和族羣鬪爭為其本質？

但是，無論如何有一點卻是我們必須確定的，那就是：和愛沙尼亞的經驗一樣，凡是以排外、激進、偏狹為其訴求的民族主義，絕不可能為國家帶來眞正的民主。因此，儘管臺灣的民主化可能會造成臺灣化或臺獨的進一步發展，但民主化本身，卻絕不能等同於臺獨。這乃是因為，民主化本身包含了太多臺獨所無法包容的自由與人道的內涵，而臺獨也絕不應成為民主化的唯一選擇！否則的話，我們終將面臨著和愛沙尼亞一樣的困境，在一九四九、二二八、第二代等符號上劃分敵我，形成壁壘，最後甚至出現「外省人回大陸去」、「只有本地人才能做公民」的訴求。

如果眞有那一天，我們或許眞的獨立了，但卻失去了民主！

四、蘇東變革的國際意義

積極開拓蘇聯與東歐的交流管道

民國七十九年十月二十九日

蘇聯首都莫斯科市市長卜波夫日昨來華訪問，並前往外交部拜訪，錢復部長及政次章孝嚴，此外也會晤臺北市長黃大洲等人。這是四十年來第一次拜會外交部的蘇聯高級官員，充分顯示中蘇間的實質關係，亟待開展。而且還有充裕的運作空間，等待我們開拓。

卜波夫在拜會外交部時，曾表示希望與臺北市達成協議，在市對市的基礎上，互相設立貿易代表處。這顯示我們今後至少有「領事級」的交往管道可供開拓。而卜波夫也指出，今後三年蘇聯亟需食物、住宅及一般性之消費品，如紡織品、鞋類、家電用品等，迫切希望自外國能進口此類產品，或在當地設廠製造。這對於我國廠商而言，正是一大喜訊。事實上，自今年三月我國開放直接貿易後，中蘇間的雙邊貿易正急遽成長。今年一至九月我國對蘇出口已成長二點八六倍，金額三千九百四十萬美元，而自蘇聯進口亦達三千七百二十萬美元，首度出現順差。

由於蘇聯有十分充裕的自然資源，而且物價低廉、人工便宜、人民教育素質高，而且民生工業落後，人民對民生必需品需求孔急，因此對於我國當前之經濟型態，乃是頗爲適合的外銷市場。但是卜波夫同時也指出，蘇聯畢竟還是超強之一，並不願像小國家一樣坐視資源輸出，因此蘇聯希望能善用其先進之尖端科技，包括國防航太科技及生物工程等，在國外尋找合作對象。在這方面我國雖在發展初階，但傑出之人才並不少，因此政府應妥爲規劃，使未來不但能在民生工業上開拓交流互惠之具體管道，而且在高科技移轉上獲得發展的契機。

但是，我們也必須指出，儘管中蘇交流管道已經展現曙光，可是仍然存在下列障礙：

㈠政府的外交與經貿單位，極度缺乏熟悉蘇聯（及東歐）事務的專門人才。目前在外交部僅有一個亞西司下的蘇聯科，以少數幾位低階官員處理蘇聯事務的資料搜集工作。今後必須提昇其位階，擴大爲蘇聯司（或蘇聯與東歐司），並廣增專業人才。另外在國貿局及外貿會中，也必須設置專門單位，以拓展經貿業務，奠立實質關係爲其要務。

㈡駐外單位與蘇聯及東歐的聯繫嚴重不足。目前外交部雖已有派駐匈牙利布達佩斯的官員，但具體之工作開展，仍有待更努力的促進。外交部及臺北市政府應積極回應莫斯科市的主動邀請，儘速在莫斯科建立發展基地。

㈢由於目前盧布滙率不穩（最近將貶值三分之二），而黑市與官價又相差甚大（過去平均爲十比一之別），而且目前外貿方式仍是「以貨易貨」的方式進行。因此特別需要由政府扮演中介角色，將對蘇聯貿易輸出所換回之原料或產品，統一出售，再以利得分配給輸出之廠商。

(四)政府仍然存在著某些意識形態的包袱，深恐步伐過快，影響反共民心。其實蘇聯目前的經濟改革及對外開放，正是共產主義失敗的明證；但如果不是莫斯科市長本人如此積極，外交部恐怕還沒想到在莫斯科設立代表處竟是這麼「順理成章」的事。但是相對於南韓政府積極開拓對蘇外交的作法看來，我外交部的具體作爲，就顯得被動、靜態與保守。因此，今後外交官員應一改過去一貫之守成心態，不必動輒以「蘇聯方面對我國的顧忌更大」作爲搪塞。須知，在蘇聯人心浮動，派系紛歧，對改革既充滿憧憬、又普遍不滿的今天，我們正有充分的空間（不論是外貿、文化及政府間之交流）可供拓展。

基於以上之分析，我們願意進一步提出下列各項具體建議：

第一，政府各有關單位，應立即著手籌辦有關蘇聯與東歐之政情介紹、經貿實務、文化風貌等一系列之研討會，結合學界、政界與商界，使民衆重視此一問題。同時各有關單位應積極著手相關出版品的編輯與推廣工作。

第二，外交、經貿等單位應廣徵人才，積極籌備駐莫斯科代表處的各項業務工作，同時應與其他的蘇聯加盟共和國、自治共和國、自治州及大城市的政府接洽，以便拓展更多的外貿與交流空間。

第三，政府應妥善考慮如何使對蘇工作的開展步履踏實穩健，因此在「蘇聯熱」或「蘇東波」的浪潮下，應審愼訂定策略目標，以免「一頭熱」，造成無法預估的損失。

第四，傳播媒體，包括報章、雜誌、電臺、電視等，應考慮在布達佩斯、華沙、貝爾格勒、莫斯科、基輔、塔什干、新西伯利亞、伯力、海參崴等地，設置記者，專駐各地向國內傳遞直接訊息，一方面爲國人及廠商提供直接服務，並開拓媒體之國際視野，另一方面，也可補政府官方管道之不足。

第五，目前學界中僅有淡江大學設置蘇聯研究所和歐洲研究所，其餘只有少數幾所大學（政大、文化、政戰及外語學校）設有俄語科系，另外在研究單位中僅有政大國研中心有少數的蘇聯專家。今後應進一步在各大學（如臺大、輔仁、東海、東吳等）普設有關蘇聯之語言及研究課程，或專業之研究機構，方能開拓人力，厚植發展基礎。

最後，我們必須強調，莫斯科市市長在蘇聯黨政體系中的重要性，遠超過我國的臺北市長。莫斯科市市長（或黨委），過去在蘇共的政治局中，佔有重要地位（過去蘇共政治局的委員只有十位左右，目前則超過廿位，且地位遠不如前）。因此，此次中興紡織公司能邀得如此重要的蘇聯官員來訪，而莫斯科市長又帶給我們突破性的好消息，實在是很可喜的民間交流！

美蘇高峯會談與東西關係

民國七十九年六月六日

蘇聯總統戈巴契夫與美國總統布希的四天會談，已經告一段落。在這四天受到全球矚目的會談中，戈巴契夫再一次的展現了他在外交上的折衝才華，但也同時顯露了他的堅強決斷力，他在與布希的會談中，堅持反對立陶宛等波羅的海三小國獨立自主的立場，但是他在德國問題上的強硬立場，卻並未得到美國方面的配合。因此，此次高峰會談雖然表面看來頗有斬獲，但實際上突破之處卻不多見。

首先，在立陶宛問題上，美國並不願意因爲此一因素而阻礙了美蘇關係上的和解大勢。因此，布希有意降低此一問題的重要性，置立陶宛等三小國人民的獨立意願於不顧。而且，由於美國深恐因爲此一問題而導致戈巴契夫在蘇聯的地位不穩，因此更拒絕了部分人士的提議，應以美蘇貿易協訂爲要脅，藉以迫使蘇聯在此一問題上軟化立場。布希總統甚至更公開表示：「立陶宛問題只不過是美蘇兩大超強關係上的幾根刺罷了」。這不但顯示了美國明顯的立場，也充分說明弱小民族在強權政治下的無奈與悲涼！

在德國問題上，由於戈巴契夫在蘇聯國內被指責放棄了東德，因此他特別強調統一後的德國必須退出北約，藉以消弭部分的反對聲浪。他並指出，在第二次大戰中，蘇聯人民有二千七百萬人死於納粹之手，因此對於一個武力強大非中立的德國，自然是憂心忡忡。但是美國則依然強調德國必須留在北約之中，不過美國國務卿貝克也表示為了化解蘇聯的疑慮，美國將就一些可行方案再做考量，其中包括北約與華約兩大陣營簽署一項協議，但此一決定必須與北約各盟國商議後才能定案。因此，在德國問題上，美蘇雙方雖然更了解了彼此的立場，但在此次會談中並未獲得協議。

不過，在以色列問題上，美蘇雙方卻一致同意，以色列當局不應將蘇聯的猶太移民安頓在一九六七年中東戰爭中的以色列佔領地上。今年度預定有十三萬猶太人將自蘇聯移往以色列，如果以色列當局不在此一問題上讓步，戈巴契夫威脅將考慮停止蘇聯境內猶太人的移民許可，以免因以色列的移民安頓政策，而導致中東地區紛爭。

美蘇高峰會談的最大一項成就，是在上周五簽署協定準備削減長程核子武器，停止化學武器生產，以及解除對蘇聯的貿易障礙。這些重要的協定，不但符合蘇聯當前亟力削減國防支出的政策，也頗符合美國方面的當前利益。另外，解除對蘇貿易的限制，也可視為美國當局對戈巴契夫當前艱困處境的一項「雪中送炭」行動。美蘇雙方並宣布，冷戰時代已結束，兩國已漸進入互信的時代，今後雙方的最高領導人將繼續不定期的進行高峰會談。

但是，戈巴契夫雖然在此次高峰會談中不無斬獲，但卻不足以就此而紓解他所面臨的困境。蘇聯當前已面臨改革的嚴重瓶頸，蘇聯人民對於改革也已經不再具備信心，而且戈巴契夫個人還面臨著政敵葉爾欽的強力挑戰。在未來幾個月裏，戈巴契夫若在施政上稍有不愼，則隨時可能面臨垮臺的危機，但在他下臺之後，蘇聯勢將面臨更大的困境，並成爲全球的動亂之源。因此，此次美蘇高峰會談雖然對世局安定不無貢獻，並進一步的使東西對立情勢得到了改善。但是如果戈巴契夫不能藉此次會談而在蘇聯內部累積更多的政治資本，則東西關係未來的發展變數，仍是難以逆料的！

七國高峯會議與蘇聯重大改革

民國八十年七月十八日

西方七大民主工業國高峰會議，日昨在倫敦發表政治公報，重申支持蘇聯改革及外交政策上的「新思維」，但亦要求蘇聯以和平方式解決與波羅的海三小國的爭端。七國領袖並承諾將協助蘇聯建立以市場經濟爲基礎的「開放式」民主制度，同時也呼籲蘇聯在外交上的「新思維」政策應擴及全球，並把新的合作精神反映在對亞洲的政策上。這顯然是針對日本要求蘇聯歸還北方四島而發的。至於各方關切的援蘇問題，一般預料七大工業國將不會提供大筆援助，但將會鼓勵蘇聯從事大幅度的經濟改革。

就在這場政治公報公布的同時，蘇聯總統戈巴契夫在一封給七國領袖的信中表示，西方應支持正在蘇聯進行的重大改革。戈巴契夫本人並在十七日與七國領袖在倫敦會面，這將是十七年來七國高峰會議首次有蘇聯領袖參與。一般認爲，戈氏此行不但將爲七國高峰會議掀起最高潮，而且也對蘇聯的未來，帶來莫大的影響，戈氏本人卽認爲此次會面，「可能是蘇聯與世界經濟整合爲一體過程中的一個轉捩點」。

戈巴契夫本人的預言可能並沒有錯，但是西方對蘇聯的眞實援助卻可能是相當有限的。其中主要原因是在七大工業國中，只有歐陸三國——德、義、法是主張大幅度援蘇，而其餘的四國——英、美、加、日，卻採取保留的態度。在支持援蘇的國家中，又以德國的態度最爲積極，其理由包括下列各端：

(一)德國是蘇聯改革政策下最大的受益者，如果不是戈巴契夫的改革導致東歐的民主變革，東西德根本不會統一，也無法使統一的德國在短期間成爲另一個歐洲的「超強」；因此，德國願意表示積極的回報。

(二)蘇聯如果因改革失敗及民族動亂而解體，將對歐洲帶來嚴重的負面影響。如果蘇聯走向「南斯拉夫式」的血腥分裂，將使大批的核子武器落入各地的獨裁者手中，將使歐洲安全蒙上陰影，而德國又是首當其衝。

(三)德國希望蘇聯改革成功，解決目前嚴重的經濟危機，否則蘇聯將爆發難民潮，對西歐各國的內部安全及社會秩序，均將構成嚴重的威脅。

(四)目前在德東地區仍有三十萬的蘇聯駐軍，德國希望蘇聯改革順利進行，並及早完成撤軍工作，以免影響到德東地區的整體安全。

基於上述的理由，德國總理柯爾是此次高峰會議中，主張援蘇最力的一位政治領袖。柯爾同時還建議蘇聯應申請加入國際貨幣基金會及世界銀行，藉以獲得國際貨幣基金會的技術援助。但是由於蘇聯本身的經濟情況實在太壞，因此七國最後將實際提供何種協助，目前仍是未定之天。其中尤以下列幾項問題的困難最大：

第一，據估計：蘇聯經濟重整計畫每年需要經費達三百億美金，這樣大的經費是否能從七國的口袋中掏出，實在是頗成問題的。加拿大總理穆隆尼即表示，七國不會將一張空白支票無條件的奉送給蘇聯，正表達了援蘇計畫將不是「白吃的午餐」。

第二，七國領袖認爲蘇聯必須提出有效的經改計畫，整體性的改變計畫經濟和國營企業，變爲市場經濟，才有可能改變蘇聯的經濟體質。但是目前蘇聯所提出的經改計畫卻已是十八個月來的第十套，但這份計畫卻被西方專家批評爲「志向恢宏，品質低落」；換言之，七國勢必要求蘇聯以較務實的態度提出改革方針。

第三，富裕的日本又因爲北方四島問題而與蘇聯扞格不入，但蘇聯人又不願意因爲外援理由而喪失國土，蘇聯領袖更難以承受「喪權辱國」的指責，這均造成日本方面對援助計畫的遲疑態度。

從上述的因素看來，七大國雖然已經對蘇聯改革表達了善意的態度，但究竟七國高峰會議會給蘇聯多大的優惠，還是只是「口惠而實不至」，就看最近幾天的後續發展了，我們且拭目以待。

面對蘇共轉變，中共還要反其道而行嗎

民國八十年七月二十九日

蘇共中央於日前召開中全會，同時也準備對戈巴契夫所提交的一份新黨綱進行討論。原則上通過戈巴契夫的新黨綱，這意味著蘇共將走向東歐共黨的改革方向：亦即以社會民主主義爲未來的改革張本，並揚棄馬列主義的國家社會主義、官僚社會主義路線，往混合制經濟（而非國有制經濟）、消費者（而非生產者）導向的民生工業等改革方向前進。

除了經濟性角色的轉變外，在意識形態上，戈巴契夫也準備正式放棄蘇共傳統的「社會主義的國際主義」路線，亦即不再擔任國際共產主義的先鋒，不對外輸出革命，來製造亞、非、拉等第三世界的無產階級革命，並承擔社會主義（實爲共黨主導的「國家社會主義」）國家的建設與發展重任。這意味著蘇聯在社會主義陣營中的領導角色，將全面退縮。這也是繼「華沙公約」與「經濟互助會」的解體之後，蘇共的國際角色的另一步退卻。

至於蘇共在國內的角色，則面臨甚大的爭議。俄羅斯共和國總統葉爾欽，目前要求蘇共自所有的工作場所中退出活動，亦即不再容許蘇共在工場、工廠、企業及所有公共領域中發展及進行組織活動。此一激進的政策，已引起蘇聯國安會（KGB）、軍方及內政部的強烈反彈，戈巴契夫也表示反對態度。這顯示對於蘇共的領導性角色，戈巴契夫本人仍是主張善加維護，而不贊成如葉爾欽這般的激進改革者的冒進主張，要求在頃刻之間廢除。此一較爲溫和的態度，或許也是戈巴契夫一直徘徊於激進改革派與強硬保守派之間，卻依然能爲兩派所容忍的主要原因吧。但是，根據戈巴契夫所擬議的新黨綱計畫，顯然他的改革幅度已經越來越大，而且愈來愈接近激進改革派的要求，只是他不如激進改革派來得徹底，而爲蘇共保留了較大的運作空間。

在上述的改革計畫之外，戈巴契夫也與十一個加盟共和國領袖就「新聯邦」草約達成協議。根據這份協議，今後蘇聯中央與各加盟共和國之間，將維持著一種各擁有部分權限的關係。例如中央及加盟國各擁有徵稅之權、外交之權，中央有權決定全國度量衡，管理全國的交通、通訊、科技發展、太空、能源及生態保護等事宜，而各共和國則主掌財政、衛生、教育、地方防衛等事務，並可決定國內的政治制度。根據此一新聯邦制度，各加盟共和國各擁有主權，可各自加入國際社會，個別與外國建交，同時還有退出聯邦之權（唯受五年之限制，即需先通知中央，五年後才可逐步退出）。如果此一制度果眞成爲事實的話，這將是在「聯邦制」與「邦聯制」之外的第三種抉擇，亦卽介於兩者之間的「主權共和國聯邦」，這對許多有相同問題的國家，如南斯拉夫、捷克、比利時等，都是不無參考價値的。

面對蘇共及蘇聯中央的改革，中國共產黨的作法是抗拒改革，甚至反其道而行。首先，中共中央的態度是強化意識形態角色，強調社會主義路線正確無誤，並拒斥蘇聯與東歐的改革路線，認爲這種作法不僅背離了馬列主義的正統，而且會使共黨喪失政權。其次，中共更公開對外宣稱，中國人的人權主要是指的「吃飽肚子」，而不是言論、思想、信仰等自由。因此，唯有先解決溫飽及就業問題，才是中國人的人權要務。相對的，蘇聯與東歐目前發生的就業與民生問題，正是因爲改革才造成的。言下之意，中共似乎認爲只要不改革，就不會有這些基本問題了。但這種說詞卻無法解釋，爲何不改革，卻仍然因爲水患而造成當前嚴重的民生問題。事實上，追根究柢，我們卻不難發現，水患問題實在是因爲改革不足，對問題的掌握不足，才發生的。

另外，中共中央最近還做成決定，要將過去主張改革最力的社科院「馬列毛研究所」改名爲「科學社會主義研究所」，藉以彰顯此一正統教條的「正確無誤」。這種作法，正巧凸顯了中共當局困獸猶鬪的鴕鳥心態。事實上，當蘇聯老大哥都已正式承認馬列主義的「科學社會主義」已經完全過時，並且必須改採「民主社會主義」之際，任何僵硬的馬列教條實在已經緩不濟急了。我們若對照蘇共的改革方針和中共的拒斥態度，當可看出這個二十世紀最後的馬列主義幽靈，是多麼的頑固與心虛。這也正好印證了當前流傳於大陸的一句諺語：「過去是社會主義救中國，現在是中國在救『社會主義』」，中共的作法，眞是科學社會主義國度的最後奇譚！

美蘇敵對時代的結束

民國八十年八月一日

美蘇高峰會議已正式在莫斯科閉幕，美國總統在這次會議中宣布，美蘇敵對的時代已經結束，並將給予蘇聯最惠國待遇，協助蘇聯改善經濟。這充分顯示此次的高峰會議已正式揭開了一個和解與互助的新紀元，並努力為清除冷戰時代的殘餘陰影，做積極的建設工作。

美蘇領袖並且已簽署了五項協定，分別是：

一、科技經濟合作議定書；

二、住宅與經濟發展協議備忘錄；

三、民航安全協定備忘錄；

四、災難協助協議備忘錄；

五、緊急醫療補給和相關協議備忘錄。

除了上列五項具體的協定外，更重要的是美蘇放棄耗資極鉅的軍備競賽。美國方面認為，冷戰時代的龐大國防開支是導致蘇聯不得不放棄東歐，以及造成嚴重經濟沈痾的主要原因。現在蘇聯既然已走上政經改革與開放的不歸路，美國自然願意鼓勵蘇聯大幅度降低軍備，這不但有助於改善蘇聯本身的財政狀況，同時也對美國本身改善惡劣的經濟狀況，大有助益。因此，降低軍備支出，裁減核武設施，應係此次美蘇高峰會議的一大重點。

另外，由於正逢蘇聯各加盟共和國尋求自主之際，因此布希總統在此次會見戈巴契夫總統的同時，也與俄羅斯及哈薩克兩共和國領袖會面。這顯示戈巴契夫個人的權威已逐漸降低，而各加盟國的重要性日增，布希總統也必須對其予以關注。但更深一層的意義則是，美國今後若要加深對蘇聯的經濟援助，則對各加盟共和國的直接援助及經貿往來，恐怕將是不可免的趨勢。

再者，是美國對蘇聯的實質援助，將以何種方式表達。由於在七國高峰會議中，各國對蘇聯只是「口惠而實不至」，現在布希親訪莫斯科，當然必須拿出一些實際的措施和條件，否則，將無以滿足蘇聯政府與人民的熱切期盼，也不可能眞正換來蘇聯軍方的同意，眞正的降低軍備支出，藉以裁減軍備，使冷戰時代的對峙局面，眞正得以改善。這也是美國方面必須付出的代價。

從以上幾方面看來，此次美蘇高峰會議的確是後冷戰時代的一件大事，它的重要意義在於：

一、蘇共已經完全棄絕冷戰時代的東西對抗理念，並改以經濟發展而非武裝軍備爲其政策重心。在這樣的前提下，美蘇對抗的時代將逐漸告一終結。

二、雖然蘇聯將逐漸與西方及美國和解，但由於目前蘇聯仍擁有大量核武，而蘇聯內部情勢仍不穩定，因此美國必須對蘇聯大力支援，尤其是協助蘇聯中央，免使其崩潰，否則一個四分五裂的蘇聯勢將造成核武分散由各地專制勢力所掌握，並對世界和平繼續形成威脅。

三、經過波斯灣戰後，美國總統布希雖然在國防與外交上聲譽卓著，但在內政及經濟措施上卻頗不得民心，因此大力削減軍備支出，改善與蘇聯的實質關係，藉以改善美國本身的經濟問題，亦爲此次美蘇高峰會議的一大重點；蘇聯則面對經濟、政治與制度空前未有的壓力，共產主義面臨解體，西方自由經濟，則成爲及時的救命仙丹。

四、東歐的自由化與和平變革，實係戈巴契夫對自由世界及東歐人民的一大貢獻，儘管當前戈巴契夫的國內地位已大不如前，但西方世界及歐美各國仍應感謝戈氏的貢獻，而不願過度支持他的政敵（如葉爾欽）。基於此，美國方面必須提出實質的協助才能凸顯美國方面的眞正誠意，以及「雪中送炭」的人道情懷。

基於以上的理由，我們認爲美蘇高峰會議乃是一次和平的盛舉，作爲自由民主世界的一員，值得我們密切的關注及支持！

蘇聯東歐變局與我因應之道

民國八十一年一月八日

根據外電報導，目前蘇聯對外經濟銀行在開放強勢貨幣交易後，立即將盧布對美金的滙率自前一天的四十七比一，調整爲九十比一，跌幅將近百分之五十，這與不久之前的三十二比一相較，已經調降了近三分之二。若與蘇聯人一般工資每月三百四十盧布相較，其一月工資不過僅值美金四元而已。若與一兩年前盧布對美金的官價（一比一點六）相較，在短短一兩年間，盧布的滙率價格已整整貶值了一百倍，蘇聯經濟體制的沈痾，於此可見。

在鉅幅貨幣貶值之外，俄羅斯總統葉爾欽所採取的物價自由化政策，也使俄羅斯人民如雪上加霜。十一月下旬，莫斯科的麵包價格在一夕之間調升了六至八倍，生活必需品及民生物資亦鉅幅上漲，使得一般人民生活更爲困阨。葉爾欽並預估此一沈痛時期將長達半年之久。如果經改失敗，他也將負政治責任而去職。

混亂的經濟情勢伴隨著政治情勢的逆轉，在烏克蘭人民舉行公民投票決定獨立之後，俄羅斯與烏克蘭之間的軍隊、疆界、財經及民族關係頗受世人矚目。美國則擔心一旦蘇聯解體，目前留存於俄羅斯、烏克蘭、白俄羅斯和哈薩克等地的核武軍備，可能會流向國際恐怖主義者及第三世界國家，造成新的國際亂源，布希總統並決定派遣國務卿貝克等人赴烏克蘭一行，討論核武安全等問題，再決定是否正式承認該國獨立。

在莫斯科方面，憂心忡忡的總統戈巴契夫，在電視上神情沮喪的警告蘇聯人民，蘇維埃聯邦已面臨了解體的危機。但是一旦各共和國之間失去了長久以來結合於一的經濟紐帶，聯邦的解體將會帶來嚴重的民族衝突、內戰危機、經濟蕭條，以及對整體安全的深重威脅。

戈巴契夫的警告事實上也在預示著一項蘇聯——以及東歐當前的民主化危機，亦即民主化本身已變質而爲政治、經濟，及社會秩序的解體，而且是變爲「巴爾幹化」，形成嚴重的民族紛爭及社會對立。目前南斯拉夫境內克羅地亞人和塞爾維亞人之間展開血腥殺戮，甚至連手無寸鐵的平民及小學生，亦不願放過。在短短不到一年之間，南斯拉夫已從一個「遊人的天堂」變爲「人間的煉獄」。這或許是口口聲聲尊重「民族獨立」的西方政治家，難以預見的，也是巴爾幹半島上的民族主義激進分子，所難辭其咎的。

但是，當前蘇聯的危機與南斯拉夫的內戰，卻只是複雜紛亂的中亞、東歐及斯拉夫世界中的兩個樣本。在動盪不安的亂局中，我政府及人民究竟應如何看待此一地區的問題呢？目前朝野之間有幾種不同的看法。其中也存在著一部分的謬誤及偏見，值得吾人重視。

第一種看法認爲，目前國際大勢雖是由分而合，但在東歐及蘇聯則是由合而分，並走向解體。但是只要西方各國及東亞新興工業化國家及時伸出援手，大力進行投資、建設，以東歐地區傑出的教育水平及人才資源，加上地利便捷及資源豐沛等條件，應可在短期內重現生機，並且納入歐洲統合運動的範疇，整合而爲「歐洲共同體」的一部分。

第二種看法則着眼於民族主義及獨立運動，並想藉「從東歐看臺灣」的觀點，印證「臺灣獨立」的必要性。這種觀點認爲，東歐經驗已充分證明，與其勉強統合，不如各自獨立，即使部分的流血犧牲，也在所不惜。更何況臺灣的經濟條件十分優厚，並不會出現東歐的經濟危機。相對的，我們應及時伸出援手，及早承認這些新而獨立的國家，以便擴大與盟。

第三種看法則着眼於東歐及蘇聯的民選總統及公民投票，認爲這是塑造國家認同，形成新的領導中心的有力憑藉。因此儘管這種觀點亦承認此種民意滙聚的方式容易造民幹主義政治，甚至形塑新的獨裁者，但卻認爲這是建立新國家過程中的「必要之惡」，也是值得我們嘗試的。

但是，對於上述各種不同的看法，我們卻不願簡單的表達某一種單一的觀點，加以駁斥或補正。事實上，東歐及蘇聯的現況到底是「一片黯淡」，還是「充滿希望」，或者是「在危機中透露著轉機」，目前都還在未定之天。我們與其過快的想從這些經驗中，找尋有利於自己預設觀點的證據，還不如務實的在變局之中尋求眞正的對策。惟有通過眞實的了解，才能爲自己選定務實的決策方向，並獲得最大的國家利益。

基於此，我們希望朝野各界，能眞正落實的尋思下列的問題：

㈠在獨立與承認的問題上，我們應該考慮自己的經濟資源到底有多麼豐厚，目前烏克蘭駐聯合國的官員已向我政府提出經援的要求，可以預見，其他十幾個準備獨立的加盟共和國和自治共和國，日後都可能會相繼提出類似的要求。但是這些國家卻也不願輕易得罪中共，因此也就不願輕言承認中華民國。基於此，我們必須衡量自己的經援能力及回饋成本，以及整體的承認（或建交）代價，到底是否值得做這樣的投入，以及應選擇何種投入的方式。

㈡在民選及公民投票的問題上，由於國大改選在卽，特別值得國人關心。上個月波蘭總統華勒沙有意自兼總理，藉以凝聚領導中心，但卻普遭波蘭各反對黨派的反對。而俄羅斯總統葉爾欽及新當選的烏克蘭總統克伐楚克，也因其集權專斷傾向而令人憂心。可是這些民選總統，卻也因身負強大的民意，而有恃無恐的提出強勢或激進的主張，使反對者難以抗衡。這種民選的強勢總統制，是否會比我國當前憲法所傾向的內閣制更佳，的確是選民所應深思的。另外，藉公民投票而凸顯某一議題，固然簡單而明瞭，但卻會造成「立卽攤牌」式的對局，甚至造成戈巴契夫所稱的「國家的危機」，也是值得國人深切反省的。

㈢東歐蘇聯變局的難以捉摸，事實上也凸顯了當前國內專才缺乏的困境。在這一問題上，我們願意提出下列具體的建議：

第一，外交部應儘速成立蘇聯東歐司，專職負責此一地區的外交開拓任務。國貿局、外貿協會等機構也應配合成立相關的業務單位，專負其責。

第二，應儘速在臺大、政大等校成立蘇聯研究所或東歐研究所，培養語言及專業人才，並授與學位。

第三，應儘早滙聚學界知識界力量，編輯出版東歐蘇聯叢書，並出版普及本，供社會大衆及知識菁英參考。

第四，應派遣學者、學生赴東歐、蘇聯留學、講學，並派駐記者，建立資訊網，加強文化、科技交流活動。

第五，應持續並擴大目前已展開的官員及民代互訪活動，以及文化團體的交流演出。

總之，面對動盪而陌生的東歐及蘇聯，我們才剛跨出起步，離了解、互信的階段還有甚遠的一段距離，更不是自抱成見或瞎子摸象卻早做定論的時機。多一點謙虛的了解，多一層同情的關懷，多一分知識的洗禮，才是眞正對國人有所裨益的。

俄羅斯政爭下的陰影

——兼論新興民主國家的共同困境

民國八十二年三月十三日

俄羅斯人代會在十一日通過一項修正案，否決葉爾欽總統的公民投票計畫，取消他以行政命令治國的總統特權，並恢復國會否決總統「違憲」決策的權力。此一決定，無疑是葉爾欽的一項重大挫敗。也爲俄羅斯坎坷的政局，帶來嚴重的陰影。

目前葉爾欽眼前只有三條路可走：一是接受人代會的決議，大幅度的削弱總統權限；二是辭職；三是鋌而走險，實施政變，成爲獨裁的統治者。西方工業國家雖然頗同情葉氏的遭遇，G七（七大工業國）會議的工作會議並準備提前在香港召開，協助葉氏渡過難關。但是由於葉爾欽目前在俄國民間聲望甚低，至於採取鋌而走險，實施獨裁一途，又不符民主原則，更有違俄羅斯民意。而且去年秘魯總統藤森，也曾運用非法的政變手段，停止國會運作，實施獨裁統治，結果卻招致美國等大國的強力譴責。因此，如果美歐強國採行雙重標準，默許葉爾欽成爲新的獨裁者，不但未必能得到俄羅斯人民的支持，而且也可能會間接鼓舞其他國家獨裁領袖起而倣傚。實不利於當前全球的民主化趨勢。

更重要的是，葉爾欽此次招致嚴重挫敗，實係他個人一連串不得民心的施政的結果，而且也是他處心積慮，運用權謀而未果的下場。吾人願就其中複雜的背景做一整體的說明。

首先，在經濟改革方面，葉氏採取過激的經濟自由化措施，大幅度開放市場經濟，並將民生用品價格全面開放。結果導致嚴重的通貨膨脹，造成物價飛漲，盧布價格狂跌。三月初一美金已可兌換到七百盧布，是一年前的七倍左右。但是在物價飛漲，盧布巨跌的同時，俄羅斯的生產力卻未見上昇，西方工業化國家亦是口惠而實不至，只知要求俄羅斯拋棄舊日的公有制經濟包袱，卻未能協助俄國人民安渡難關。目前全俄人民平均每月收入不及美金十元，連基本溫飽亦不可得。而昔日俄國人省吃儉用存下的錢，在巨幅通貨膨脹的處境下，亦不再留下多少用了。其結果不但造成了乞丐人口大增，自殺率激長，而且據最近的民意測驗顯示，已有六成人民懷念共黨時代的統治。這顯示在不斷惡化的經濟處境下，俄羅斯人寧願選擇麵包而非空頭的自由。這在一年多前蘇聯剛瓦解時，是絕難想見的。不到一年半間，出現這樣的困境，當權者實難辭其咎。

在此種惡化的經濟情勢下，葉爾欽個人聲望也是急速下降。但是葉氏卻精於奪權，希望以更大的權力，進行更大幅度的經改，所以他在去年底提議藉公民投票決定修憲問題，事實上是希望削弱國會權限，使俄國採取完全的總統制，藉以為其個人擴權。但國會方面，卻提議將總統大選及國會大選問題一併交付公民投票。此無異將了葉氏一軍。因為葉爾欽擔心他個人已漸失民意支持，如果眞的舉行總統大選，他很可能會敗給他的主要敵手，亦卽現任副總統魯茨柯伊。因此二月底葉氏再提出妥協案，要求國會賦與總統經濟改革所有權，並採訂新憲法，本月初他更進一步表示，卽使人代會取消公民投票，他也將直接訴諸民意，並暗示必要時將採取非常措施。此時乃傳出葉爾欽可能將採取政變方式，終止俄羅斯國會的民主運作，並以獨裁方式解決當前的困局。但此一情勢到日昨俄羅斯國會投票對葉氏進一步削權之後，已有更進一步惡化的跡象，葉爾欽如何妥爲因應，不僅攸關俄羅斯的民主前途，而且也成爲當前國際安危的主要焦點之一。

解決俄羅斯的困境，現在只有兩條路可走，第一條是在國際間，由七大工業化國家，訂定一項緊急經援紓困計畫，大量提供各項實質援助，其中應包括資金、糧食、高級人力及民生物資。在短期內實施緊急救援，安定俄羅斯的經濟與社會秩序，也使葉爾欽得以恢復他在民間的威望。第二條路則是走回議會民主——亦卽代議民主或自由民主體制的正途。換言之，應透過修憲，改變目前權責不清的「半總統制」，使其成爲「議會內閣制」或「總統制」，務期使權責合一，制衡機能充分體現，唯有如此，當前的「府會」之爭，才可能透過體制內的機制予以化解，而不致再出現動輒訴諸公民投票的攤牌式舉措，造成持續性的政治性分裂。

俄羅斯當前的困境，事實上也正是許多新興民主國家的共同困局。這些國家普遍採取總統直選的方式，藉以形成國民共識，同時也使總統個人藉高度的民意支持而得以推展施政。但另一方面，擔負著民意的國會亦亟思有所作爲，而且不斷藉立法及制衡機制，限制政府的措施，使其符合民意。而總統個人一方面為了維持個人的高度民意支持，另一方面則為了緩和國會的監督，乃以總理個人為其執行長，並對國會負責。因此，一旦國會對總統政績不滿，就由總理擔負起「替罪羔羊」的角色，下臺承擔成敗。這種「雙重首長制」的設計，表面看來，的確可減低府會衝突的嚴重性，而且可以減低總統個人所承受的指責。但是它的後果，則可能造成總統「有權無責」，權責不清的惡果。而且一旦總統與總理之間不合，或總統與國會之間發生紛爭，則憲政體制即可能出現危機。此時若一而再，再而三的以「公民投票」此種直接民主機制化解問題，就將造成代議民主機能喪失與自由民主機能弱化的危機了。這也是當前許多新與民主國家的投機政客，亟欲利用公民投票以「伸展政治實力」的理由，但這卻絕非穩定的民主體制的正途，更是正常的議會民主國家所不欲為，不願為的。

當前的俄羅斯，正嘗到這種動輒運用直接民主與公民投票解決政爭的苦果。而葉爾欽個人在放棄蓋達總理之後，仍然不能免於「府會之爭」，甚至不得不考慮是否應終止民主機制，逕行實施獨裁。這種作法，不僅應為所有新與民主國家視為一大教訓，也應對國人產生警惕與啓示作用。尤其是在部分政治人士汲汲於推動公民投票、直選總統、雙重首長制及總統「有權無責」的今天，這種擾亂憲政體制，並使憲政民主的運作治絲益棼的作法，究竟能否為中華民國帶來長治久安，更是值得國人深思的。對於俄羅斯當前的困阨經驗，我們實應引為殷鑑。

第二篇

大陸與兩岸

一、大陸改革的困境與出路

大陸民主改革的新契機

民國七十八年二月二十日

由臺灣、大陸、香港和海外五十六位知識份子發起的「敦促中國大陸民主改革宣言」，十七日在紐約市哥倫比亞大學發表，有五十六位知識份子簽署。同一天，在中國大陸，也有三十三位著名的知識份子簽署了一封公開信，一同向中共當局要求民主與人權。並要求釋放持不同意見的政治犯。這次公開信與宣言的行動，是海內外知識份子大結合的開端，也爲大陸民主化的另一次高潮，開啓了新的契機。

在紐約發表的宣言中，呼籲中共當局開放民辦刊物、保障結社言論自由、開放地方首長民選（區縣長級）、釋放政治犯、取消「反革命罪」、實行黨政分開、並撤銷基層黨務人員編制等。此一「促進中國民主化聯絡組」並表示，不籌組政黨，不接受政治團體捐助，財源公開程序民主，並將持續推動簽名運動，定期出版通信。發起者之中有人估計，在今年三月中共「人大」召開前，在海內外徵集一萬人以上的簽名。

在中國大陸的聯合簽名活動，則是由著名知識份子（包括冰心等）召開記者會，宣佈支持方勵之寫信給鄧小平要求大赦的行動，他們聯合簽署了一封「致人大常委會和中共中央的公開信」，呼籲實施大赦，並釋放魏京生等政治犯。

早先，在今年一月六日，方勵之曾寫信給鄧小平，要求大赦政治犯，但遲無回音。這次三十三位知識份子聲援他，並有許多人將加入後援的簽名行動，再加上海外的響應，勢必對中共當局形成積極的挑戰與壓力，它的廣泛影響力，是可以預期的。

我們對此次的簽名行動，抱持下列幾項看法：

第一，這是今年紀念五四運動七十周年活動的先聲。每年五四前後，海內外的知識份子經常都要寫文章、開紀念會、辦活動，以紀念這個偉大的日子。今年正逢五四的七十周年，而五四所揭櫫的民主、科學、反傳統，又正是今日大陸知識份子爭取的目標。「河殤」所代表的對傳統文明的批判，以及五四對人權與民主的訴求，正因此而結合，它對中共政權所構成的威脅，是不容輕忽的。過去中共建政是以反傳統起家，但經歷了文革等歷史教訓，中國知識份子卻發現，中共所反對的「封建傳統」，卻也構成它本身的政治文化的基底，因此，重提五四與反傳統，就成爲五四七十周年的另一次主題了。在這樣的背景下，要求人權與民主的簽名行動，不僅是一項政治意見的表達，也蘊涵著深刻的文化自覺與思想革命的要求。

第二，海外的大陸知識份子民主運動，目前正因「中國之春」的內鬨而陷於紛亂的局面，這次的宣言運動，則是一次大結合的新契機。「中國之春」在海外活動有年，內部紛爭不絕，最近又因派系與信仰因素，而陷入分裂危機，正當海內外觀察家對大陸民運份子漸趨失望之際，「敦促中國大陸民主改革宣言」的簽署，卻又爲海外的民主運動，增強了新的活力與生機。過去流亡西方的「前共產黨人」與異議份子，在流亡西方、籌組反共組織時，常會陷入「山頭林立、內爭不斷」的困境。其中主要原因，是這些異議人士雖然反對獨裁專政，要求民主人權，但由於他們長期生活在專制極權體制之下，本身的民主人格並未養成，因此往往不易經由民主的程序以實踐民主，結果落得空喊民主卻無法建立內部民主的窠臼。但是此次的宣言活動，卻結合了海內外第一流的知識與文化菁英，並以程序民主與內部公開的原則自期，可以說已經意識到過去民主運動的艱難敎訓，這樣的自省性作法，是值得肯定的。它的持續性發展，更值得重視。

第三，此次的簽名運動，是近年來規模最大、目標也最積極明確的一次，而且結合了臺灣、大陸、港澳、海外各方面的知識份子，影響力非同小可。近年來旅美的大陸留學生，曾針對大陸留學政策等問題，發表過立場清晰的公開信，簽署者亦夥。但像此次活動一樣，結合海內外著名學人、留學生、文化界人士的大規模活動，則甚罕見。而且此次宣言的具體目標，是要求釋放政治犯、保障人權與基本民主權利，更超越了過去訴求的層次。換言之，它不再止於「體制內」的訴求，進一步要以全球共同的人權目標，要求大陸實施清晰而具體的民主改革。

最後，我們必須強調，此次宣言活動的效果，比起過去「三民主義統一中國」式的政治宣傳，遠爲深刻且富新意。其中主要關鍵，並不在三民主義的內涵不爲大陸同胞所接受，而在於「三民主義統一中國」的口號意味太濃，宣傳的方式也太過黨派化與意識形態化。事實上，以臺灣的政治、經濟與社會發展成就，若欲影響中國大陸，實在已是條件成熟，但由於過去太堅持於某些敎條與口號，反而未能發揮積極效果。由此次海外宣言活動廣受注目的作法即可得知，今後政府應在大陸政策上調整作法，以直接、明確而中性的訴求，對大陸同胞表達更強烈而積極的關切之意。則在海峽兩岸的互動關係上，臺灣才能以更大的善意表示，獲得更爲有力的帶動。

在內外交困處境下召開的中共「人大」

民國七十八年三月二十日

中共七屆二次「人民代表大會」與「政治協商會議」，定今日揭幕。過去「人大」與「政協」都被視爲僅具裝飾功能，對政局不發生實質作用。但今年卻在大陸內部面臨了物價飛漲、派系鬪爭、人權運動和西藏動亂等複雜因素，而在國際環境上又面對著蘇聯與東歐改革運動的刺激，因此這兩項會議的召開，就特別引人注目了。

根據事先新聞報導，中共國務院總理李鵬，將在本次「人大」中發表一篇措詞強硬的「政府工作報告」，間接指責前任總理趙紫陽在指導經濟工作方面的錯誤。李鵬指責過去的領導人「忽視了中國人口衆多，貨源相對短缺，而發展不均的事實」，「未能提升管理水平及未能嚴肅掌握建立客觀控制的體系」，但卻堅持對地方和企業的放權政策，基於此，李鵬強調應收回這些下放的權力。另外他也批評了趙紫陽的通貨膨脹政策，認爲他過分高估了人民羣衆應付通貨膨脹的能力。此外，他也指責過去的政策領導人盲目擴張建設規模，一廂情願追求產值與產量的增加。

如果上述的報導屬實的話，這就印證了外界傳聞已久的趙紫陽地位不穩的傳言。因爲一向扮演橡皮圖章角色的「人大會」，如果無異議的通過李鵬的工作報告，那就不啻是從官方的角度，正式否定趙紫陽過去的政績了。即使趙紫陽仍能暫時安居原任，也一定是顏面盡失、權力大降了。基於此，本屆「人大」的第一項重大影響，是經改步調的調整，人事布局的可能變動與高階層之間的權力消長。

除了人事與權力的層面之外，本次「人大」的第二項重大議題，是在國內外的民主與人權的要求下，如何去處理自由化與政權開放的問題。自從今春大陸人權簽名運動以來，中共已多次恫嚇知識份子不要輕易加入簽名行列，甚至對方勵之採取了相當蠻橫的禁制作法，對美國政府的介入也出言不遜。但另一方面，中共又想以「多黨合作制」為由，在政府部門中引進一些副部長與副首長職位給民主黨派成員，藉以改善一黨專政的形象。在意識型態的說詞上，中共摒棄了西方的多黨制，卻強調要在共產黨的領導下，實施無反對黨存在的所謂多黨合作的民主。這種說法，除了一方面強調中國情況的特殊性外，另一方面也可以使大陸民衆混淆「多黨合作制」與「多黨制」之間的分野。在召開「人大」之際，以統戰為功能的「政協」的同時舉行，更使此一「多黨合作制」的說法獲得證實的機會。因此，雖然在本次大會召開前政治緊肅氣氛濃重，甚至有部分民主人士（如千家駒）準備杯葛會議，但中共仍會利用此一機會容許一部分的民主異見發表，藉以凸顯其民主雅量，同時也可以為它的壓制其他異見分子的作法（譬如以「反革命」或「裏通國外」為由），增強合法性的說詞。

在國際壓力日趨嚴重的處境下，中共「人大」所面臨的第三項重大問題，是如何妥善因應西藏動亂事件。最近歐洲議會與美國國會都就西藏事件對中共嚴加指責，中共雖有強烈的反應，並強調此事係內政問題，不容外國干涉。但中共的國際形象，無疑已再次受到打擊。在中共經改日趨困難的局面下，中共即使不願向國際壓力讓步，也一定會在考慮國際形象與經貿利益的雙重前提下，更審愼的處理西藏問題。同時也可能會更積極的與達賴喇嘛尋求談判與合作。如果中共願意將此一議題提交「人大」或「政協」討論的話，將會爲此一問題尋求更多的轉圜機會，並藉以強調中共官方在此一問題上的開明與溫和立場，以期使對香港與臺灣的民衆，產生一些間接的統戰作用。但它的實際效果卻是待考的。

除了人事布局的重整、經改步驟的調整、民主要求的緩和化與西藏問題之外，本次「人大」的另一項重大影響，是由於東歐民主化運動與蘇聯開放與重建政策的刺激，而逐步賦與「人大」較多的角色與任務。最近波共當局已經決定賦與團結工聯與其他民主組織三分之一左右的國會議席；在匈牙利，共黨也準備容許多黨制逐步出現。在蘇聯，戈巴契夫在去年秋的改革計畫中，也準備成立一個由四百人組成的「國家議會」，並賦與其監督外交、國防等重大問題的代議權力。中共雖然不可能在短期內實施這樣廣泛的政體改革，但在經改日益困難、民心日漸渙散、民怨日趨昇高的處境下，中共當局也在日前透露，國務院各部門都要在「人大」期間與會報告，並接受質詢。顯然「人大」做爲橡皮圖章的門面性角色，也開始面臨調整了。雖然它的改變幅度不會像上述的各共黨國家這樣快速而廣泛，但如果眞的付諸實施，並容許與會代表自由發言，「人大」的影響力也就非昔日可比了。

從以上幾點看來，本次「人大」的召開，對中共而言，將是一次緩和內外壓力，並藉以改善形象的機會。但是，這項任務是否能夠達成，卻主要繫於人事布局的重整是否順利，換言之，它仍然不脫過去的局面，亦卽仍以權力的重整與人事的安排爲主體。李鵬的權力與地位是否能藉此次會議而更形鞏固，才是最令人注目的焦點。

大陸民主運動的新浪潮與新契機

民國七十八年四月二十四日

每年五四前夕，大陸、臺灣和海外的中國人，都要爲這個驚天動地的愛國運動與新文化運動開會紀念。今年的五四，由於適逢七十周年，又正值大陸人權簽名運動獲得海內外廻響之際，因此五四前後這段期間的民主活動，也就特別引人注目了。

四月十八日起，北平終於爆發了聲勢浩大的民主示威行動，藉著紀念胡耀邦的追悼式，逾十萬（一說超過二十萬）青年羣衆聚集在天安門廣場，日夜不休的要求中共當局實施民主與人權，而敏感的「推翻專政」、「打倒獨裁」、「民主萬歲」，甚至「打倒共產黨」等口號，都已正式標出或喊出。這顯示了示威羣衆只不過是藉紀念胡耀邦之名，將他們心中壓抑許久的不滿與積憤宣洩而出。因此，此次的示威行動雖以紀念改革者胡耀邦爲始，但卻不會因胡耀邦追悼的結束而告終。

但是，和十三年前同樣發生在天安門的「四五運動」相比，此次的示威行動卻顯得較爲自制，而且頗有秩序。根據外國記者在示威最初幾天的報導，他們始終無法查覺出幕後的領導人究竟是誰。顯然的，此次行動係學生的自發行動，而且內部控制做得相當好。在二十二日追悼會結束後，示威學生在下午一時陸續由天安門廣場回到校園，雖有萬餘人逗留現場，但並無過激行動。而且他們的行動雖然平和而有秩序，但表示將繼續和各大學聯絡，發動全面性罷課，以持續推動民主改革。這顯示第二波的計畫行動即將展開。

但是，有鑑於一九七六年「四五運動」、一九七八年「北京之春」運動，和去年北京學運失敗等經驗，我們雖然強調此次示威行動的平和、理性與秩序，因而也肯定此次學運與示威運動為民主抗爭帶來的新契機，但我們也必須對它的可能影響，提出一些審慎的觀察，而不宜過度誇大它的樂觀前景。

首先，我們認為，民主學運只是整個民主運動中很小的一個層面。如果在學運抗爭之後，沒有廣泛的工人、市民、黨員的加入，學運仍將和過去的失敗經驗一樣，最終仍將受到官方的鎮壓。從五四運動的經驗我們不難了解，五四雖以學運為始，但後來卻擴及全面的罷市、罷工，也就是從學運擴張而為全面的社會運動，才造成它的深刻影響。因此，當今的北京學運，如果範圍僅及學生青年，而不能結合到對經改不滿的工人、市民和黨員，它對中共當權者的壓力仍將是有限的。同時，它也將是極易為武力撲滅的。因此，未來幾天的發展將是此一運動能否成功的一大關鍵。如果學生無法和其他階層的羣眾串聯，擴大成一多階層的全民性運動，它的影響仍是有限的。

其次，我們必須強調，胡耀邦雖然因處理改革政策與學生運動過於寬鬆，而被保守派罷黜，但他畢竟是共產黨的忠心黨員與擁護者。因此想藉由對胡耀邦的平反訴求，進而發展出推翻共黨專政的積極抗爭標的，並不是一件容易的事。更何況，中共在追悼會中對胡氏地位與貢獻的積極肯定，在追悼禮進行過程中對學運份子的容忍作法，都顯示中共當局早已預防了任何人藉機擴大事端的可能性。這也是何以第一階段的學運，會在平和中暫時告終的理由。

再者，雖然在此次示威運動中，鄧小平、趙紫陽、李鵬等人遭到羣衆點名批判，但在今天中共的領導階層中，並沒有更佳的改革派人選可以取代他們。這和十三年前的天安門事件的條件絕不相同。當年的羣衆反對的是僵硬的保守派，歡迎的是鄧小平。而今天，不論是姚依林、喬石、萬里、楊尚昆、王震等人，都不是理想的取代人選，這也說明了由於中共改革的本身已走進死胡同，如要跨越改革，只有採取多黨民主與取消共黨專制一途了。但是，如何能擺脫共黨的箝制，走上多元民主的道路，在中共仍然全盤壟斷社會資源，個體戶仍微不足道，私有制仍無法廣泛推行，中產階級仍無法形成的諸多限制下，實在是不容過份樂估的。

從以上的分析，我們不難了解，此次學運雖然再一次的爲民主發展帶來了契機，但它的成敗關鍵仍在於工人與市民的是否參與，如果後者因爲對中共的長期不滿，廣泛的加入此次民主抗爭的行列，那麼此次的示威行動，就將成爲一塊新的民主里程碑了。

大陸變局與民主發展條件

民國七十八年五月二十二日

中國大陸學生爭自由行動昇高情勢，終於導致中共政權的鎮壓行動。對中共政權而言，目前態勢的發展變化正處於重要轉型關鍵，個人以爲未來情勢的發展基本上有下列三種可能：

第一種發展是中共鎮壓學運成功。由鄧小平與強硬派聯手，同時說服各地軍區司令共同進行血腥鎮壓，並且進一步持續進行其他整肅與淸洗行動。整肅幅度可能非常大，也許要經過一、二年時間才會完成。在這個情況下所有的改革行動都將會中止。中共在堅持列寧主義黨國優先性的同時，也將重新走向史達林主義的舊路。這種發展的結果，今年將出現一個最寒冷的夏天，極權主義將重新登場。

第二種發展途徑是中共無法鎮壓下去，而造成上層領導階層的內訌。學生與民衆的抗議行動昇高之際，軍隊停止鎮壓行動並且與民衆聯成一線。在這樣情況下，以趙紫陽爲首的溫和派將再重掌政權，並且與「人民的力量」妥協。這種發展結果中共將走向一條新的改革之路。很可能會走上當前波蘭、匈牙利類似的道路。

最後一種發展情況是，由於軍事將領與中央領導人之間的鬪爭無法達成協調，導致嚴重黨政領導階層的內訌。如此的話，很可能形成嚴重的地方分裂，造成幾近地方割據的局面。這種情勢發展並不會持續太久。但是它所帶來的風險與動亂的可能性卻是最高的。而且可能會造成如文革時期的無政府狀態。

在前述三種可能發展情況中，以第一種情況發生的可能性最高。但是未來幾天的發展中，若學生與民衆能夠運用組織的力量有效的感化並遏阻了軍事鎭壓行動，那麼第二種情況也是很可能成爲事實的。但是，值得注意的是，中國大陸當前的處境和二、三年前菲律賓所發生的情況非常不同，兩者的差別在於菲律賓馬可仕的部署只是一個鬆散的組合；然而在中共方面，列寧主義式的黨軍體制則仍然是相當穩固而且有效。因此，人民的力量在中國大陸並不容易成爲整個事件發展的唯一決定因素，軍事領袖以及部隊的態度可能更具備其重要性。何況，菲律賓的事件發生於大選，大陸學生的運動卻無體制上的出口。

於此，我們應該注意的是，在列寧主義黨國體制之下，並無西方資本主義國家和第三世界國家的「市民社會」（Civil society）。所謂的市民社會是以資產階級與中產階級爲主體，而且是以經濟利益與社會自主性爲其特色。但是，在中國大陸由於仍然是普遍實施公有制關係，而私有制與個體戶在中國大陸整個經濟體制中仍然是微不足道的。換言之，在一個經濟基本自主能力尚無以形成的社會中，市民社會是難以形成的。過去十年的經濟改革，雖然在人民生計以及生活素質上有了許多改進。但是由於在所有制上，仍然堅持國有制與公有制，使得自主的中產階級無以形成，也就使得市民社會與國家對立的分析概念不易在中國大陸找到分析的具體焦點。

相對地，在臺灣過去多年來的民主改革，卻是由於經濟發展與市民社會的形成，爲進一步民主的要求提供社會結構與經濟基礎。在此情況下，臺海兩岸雖然都在要求民主自由，但是在臺灣卻是遠爲順暢而平穩。在中國大陸，則是道途艱辛。

中國大陸的重大變局，也使我們更進一步思考民主化道路的艱辛不易。必須強調的是，民主的道路絕非能夠在短期內，僅憑民心的向背就足以達成的。民主的發展有其客觀的生態條件，包括：高度的經濟發展、市場經濟體制、獨立的工會、自主的中產階級與市民社會、知識精英的領航、普遍而高度的國民教育水平、領導人的意願、民主的文化傳統以及鄰國民主氣氛的感染等等。在上述的各項因素中，中國大陸僅具備其中的少數幾項，但是大多數條件則仍然並未充分具備。再加上列寧黨國體制的覇權地位依然扮演著中樞主控的角色，以及共黨體制的存續是優先於其他任何考慮。因此，我們雖然企盼這次的中國大陸民主變局能夠走上坦途，但是謹愼的觀察與預估，恐怕還是必要的。

大陸民運的統合與民主發展的前景

——向民運人士進言

民國七十九年一月八日

最近一段時間，海外的大陸民運組織，包括「中國民主團結聯盟」（民聯）、「民主中國陣線」（民陣），及「中國留美學生學者自治聯合會」（學自聯）的領導成員紛紛來臺訪問，並擬在臺北成立分支組織，爭取奥援。同時在美國的波士頓地區，民陣組織內部也開始自我檢討，著名的天安門運動負責人，也是民陣的副主席吾爾開希，就面臨公開與自我的批判。使得民運今後的發展動向，再度受到各方矚目。

我們必須指出，上述的自我批判與組織發展的行動，對於一個正待成長的民主運動而言，都是正常的、必要的，也是值得鼓勵的。但是在海內外普遍對民運給予鼓勵與支助之際，我們也必須指陳幾項事實，亦即民主運動的成敗，實有賴於下列各項條件的配合：

第一，民運領導人本身必須具備民主涵養與民主人格。亦即在民運組織內部，必須以尊重他人、察納雅言的民主規範及民主程序做爲建立共識、進行決策的準繩。如果民運組織內部山頭林立、組織規程因人而異，而且人事傾軋不斷，導致民運本身違反民主原則，甚至彼此攻訐、力量自我抵銷，則民運組織將不過是「非民主人格」的祭品，民主運動也恐怕終究只是曇花一現。過去北美「中國之春」多次分裂的不幸事實，足可爲殷鑑。因此，今後民運人士在發展組織、爭取民主在中國生根的努力中，除了對中共政權大加撻伐、加速對大陸內部民運發揮影響力之外，首應自我檢討，反省自身是否具備民主涵養與民主人格。唯有以潛移默化的方式逐漸拋棄極權社會殘留的非民主積習，並建立自我約束的民主習性及民主規範，才能使民主運動茁壯生根。民運人士必須切記：僅有民主行動和果敢的冒險犯難精神，儘管有助於革命大業的開展，但卻不足以成就民主事業。因爲民主成敗的根本關鍵，還是在於民主習性能否內化而爲人格，亦即使民主成爲一種基本的生活方式。不僅在公開的政治生活裏應表現民主的素養，而且亦在羣體生活、人我之間，均展現出民主的習性。因此，民主不僅是一種口號，也不只是一種外在的表徵，而且也是一種經由學習和浸染，由內顯於外的基本人格與生活方式。

第二，民運人士必須體認，在現階段各類民運組織自求發展了一段時間之後，必須進一步建立起規模更大、也更有效率的統合組織。以清末革命組織爲例，孫中山先生就是從興中會而擴大結盟華興會、光復會等而爲同盟會，最後才能完成革命任務。因此，擴大與盟，廣結善緣，爭取更大的後援力量，建立更有效的組織網絡，是成功的民運組織必不可少的因素。但是除了上述的民聯、民陣、學自聯，以及在美的中國民主黨等組織外，海外目前還有許多互不統屬的派系與組織，有的主張暴力顛覆中共政權，有的主張暗殺大陸黨政要員，有的則主張以溫和漸進的手段推動改革，彼此間不僅意識形態及基本信念殊異，而且人員之間也不易泯除歧見、建立合作關係。因此今後各民運組織間必須進行廣泛交流，針對大陸及海外情勢進行深入分析，並擬訂合宜有效的民運策略，才能逐漸從異中求同，最後並建立起統合的民主力量。

第三，民運人士除了專心致力於組織發展，經費籌募以及聯盟統合等工作外，也應與留學生及學院的知識份子廣泛合作，並延請他們針對全球各地民主發展的經驗，做相應的逐項的分析，以明瞭民主發展的具體條件，藉以擬訂出民運發展之策略及方針。當前中國大陸國民所得偏低，經濟發展落後，私有制尚未建立，中產階級人口過少，文盲人口過多等經濟社會條件都是民主運動的不利因素，必須正確把握現實條件，打好民運的根基，不必存在一夕間推翻暴政、建立民主的想法。以菲律賓爲例，卽使是在美國的大力介入之下，馬可仕政權終因軍人倒戈，而使民主運動獲得勝利。但是由於經濟社會條件的不成熟，卽使民運獲勝了，但民主卻並未因而建立，近年來菲國的情勢困窘，卽使是美國仍在大力支持，但卻難保民運曾經支持的艾奎諾夫人政權能安度難關。基於此，民運人士儘管可以從宣傳的考慮上聲言「民運前景樂觀」，但在實際的實踐與思辯層面上，卻必須了解民主的建立是極爲艱難的。民運人士必須以紮實的、穩健的態度分析民運發展的前景及其局限，並藉以擬訂細部策略，才能使民主前景展露曙光。

第四，海外的大陸民運，在本質上與臺灣的民主憲政運動是相同的，具有爲中國開拓現代化民主前途的共同目標，所以，經過民運人士紛紛來臺訪問考察後，如何在這種共同的基礎上，發展海外大陸民運與臺灣民主力量的合作與相互支援關係，極爲重要，也是海外大陸民運必須正視的課題。

最後，我們必須強調，我們支持民運的立場是堅定不移的，我們對民運人士的堅苦卓絕奮鬪，抜有崇高的敬意，也願意隨時歡迎民運人士來臺訪問，竭盡一切的可能，爲民運作鼓吹，尤其期盼臺灣民主發展的經驗與力量能對民運工作有所助益。爲中國求取自由民主的統一，爲中華文化的發揚光大，是所有中國人的共同責任。

陳雲路線再起的警訊

民國七十九年九月十八日

根據來自香港的多方面報導，中共保守派元老陳雲的勢力已經日益膨脹，經過六四事件的衝擊，中共的「走資」與開放政策面臨倒退，陳雲的「鳥籠」經濟路線重新擡頭。進一步，更將引發中共上層間的派系鬥爭。

八月底，中共《人民日報》連續三日以社論表達了反對「資產階級自由化」、加強經濟與思想控制的立場。九月中旬《人民日報》又發表了中共社科院副院長劉國光的文章，強調大陸必須是一個「統一的社會主義市場」，而不可成爲「資本主義的自由市場」。國營經濟必須成爲社會主義經濟的主體。這顯示在官方的傳播媒體上，陳雲的保守路線已經超越鄧小平的開放路線，佔據到了遠爲明顯的優勢。雖然這並不意味鄧派已經失勢，並爲陳派所取代。但卻顯示中共上層間保守路線擡頭的新趨勢。換言之，在全面抓緊政治控制的共識之外，加強經濟控制、抑制對外開放、反對走資化的經濟共識，恐怕也將不易避免。

事實上，在今年六月底由美國中央情報局發表的中共經濟情勢報告中，即已斷言改革開放政策失敗的事實，並預測中共經濟政策必將回歸保守。而最近一連串媒體上的保守言論，也可視為保守派亟欲在十三屆七中全會召開前製造的輿論風潮。除了「鳥籠」經濟主張再起的各種跡象外，死硬派大將鄧力羣將掌中共中央的傳言（雖然阻力甚大）也顯示保守派反撲之勢，的確已躍躍欲動了。

陳雲路線再起，對全體中國人而言，並不是好的訊息。根據香港報刊的報導，在六月間一次中共高層的會議中，針對近來臺灣政局的變化和臺海多次的船難事件，陳雲認為國民黨有「獨臺」傾向，而且故意「翹尾巴」，因此力主以武力解決臺灣問題。但是在這項會議上，鄧小平則主張再等待一年，視情況發展而定。

如果上述報導無誤的話，我們必須非常嚴肅而且謹愼的看待未來一兩年臺海情勢的發展。而鄧小平主張的看未來一年臺灣的發展再決定是否動武，則很可能與明年底資深民代全面退休前的政治情勢密切相關。亦即，如果臺灣地區屆時「臺獨」氣氛瀰漫，而且主張「臺獨」的候選人在選舉中有可能獲勝，則選舉前後全省投入政治熱戰之際，也就可能是臺海新危機情勢到來之時。當然，我們不必對中共老人政治中的一言一句太過憂心，但是如果在中共上層間建立了「武力攻臺」的共識，那麼我們就應該提高警覺了。

我們必須強調，最近半年大陸對臺政策的確已發生了重大的變化。猶記在去年六四事件結束後不久的中共領導人記者會中，江澤民與李鵬等人曾強調臺海關係是「河水不犯井水」，亦即只要臺灣少管大陸事，大陸也儘量不碰臺灣問題。但是隨著今年二月以來國民黨的上層紛擾、省籍之爭，與「臺獨」勢力擡頭，海外獨派異議份子返國等情事的發生，以及受到臺海間多次大陸客船難事件、臺灣商人在大陸惡形惡狀等不愉快事情的影響，中共當局顯然已有意重新調整對臺政策。如果中共領導人受到情緒等因素的影響，認爲臺灣同胞的確是瞧不起大陸人，而且臺灣的未來發展勢將走向獨立，則臺海危機恐怕將會提前到來。而如果陳雲派重新得勢，則臺海危機更可能會加速來臨。

我們提出上述的警訊，絕不是危言聳聽。我們希望今後負責大陸政策的最高機構——總統府「國家統一委員會」與行政院「大陸事務委員會」，能立即展開對大陸情勢及臺海關係的全盤衡估，並在適當時機，以具體的作法降低臺海間的緊張關係，並對中共當局提出善意的互動政策。同時，我們也期望具備分離意識的反對派人士，能夠逐漸學習從中共領導人的心態角度思考臺海問題，並藉此做爲設計反對黨大陸政策的一項基礎。唯有朝野各界透過多方面的了解與溝通，才能逐漸降低兩岸間的敵意與對立，也才能確定不使臺灣地區民衆的安全與福祉，因爲誤解與歧見而招致嚴重的侵害。

承認現狀和平統一

民國七十九年十二月十三日

中共對臺工作會議歷經十日，已於日前結束。根據會後所發表的新聞，此次會議可以說是肯定了承認現狀的務實取向。表面看來，雖然新意不多，但實際上則有一些突破。這可從下列幾方面見之：

第一，在新聞稿全文中，雖然仍存有「愛國統一」等字眼，但已無「解放臺灣」、「統一戰線」這些習慣用語，這顯示中共當局有意規避「統戰」這種惹人生厭的意識形態用詞，間接的也袪除了「聯合次要敵人打擊主要敵人」的聯想。而和平統一的原則，也得到了進一步的肯定。

第二，會議中肯定「海峽兩岸發展的總趨勢有利於祖國的和平統一」。並且指出「對於臺灣當局堅持一個中國的言論，以及緩和兩岸關係、放寬雙方交往的措施，應予熱烈歡迎」。這些字眼凸顯了兩岸關係和平發展的樂觀趨勢，也間接暗示我方成立的海峽交流基金會，有可能得到中共方面的善意回應。

第三，在樂觀的總趨勢之外，中共當局仍然堅持對「一國兩府」、「彈性外交」以及對所謂「兩個中國」和「姑息臺獨」等的抨擊，但卻不再是不分青紅皂白的將這些「罪狀」加諸國民黨，卻強調「對於臺灣各政黨、團體和各界人士要進行廣泛的接觸溝通，以消除隔閡，增進了解，建立共識」。這顯示中共當局已逐漸了解臺灣社會多元化、民主化、自由化的發展現狀。而不再簡單的以為一切都是國民黨所主導與指揮的。此處的務實態度，是十分明顯的。

第四，雖然中共仍然希望及早進行國共兩黨的談判，但卻強調「談判中可以吸收兩岸其他政黨、團體有代表性的人士參加」，此處雖指的是「兩岸」，但主要卻是指臺灣地區的在野黨派及團體，除了民進黨之外，可能也包括某些統派的團體和有潛力的新生政黨。

第五，中共當局已不再堅持「統一性的談判」，而強調談判「可以先從較低的層次開始。可以先談統一問題，也可以先談如何促進兩岸雙向交流，實現直接三通」。雖然我政府當局目前仍然反對開放「三通」，但上述有關「促進兩岸交流」的談判，卻與政府當前強調的低階性、功能性、事務性談判等原則，相距不遠。由此也可預見今後陸委會、海基會等機構的「任重道遠」。

當然，由中共決策當局一向「拍板行事」的作風看來，此次中共對臺會議的決定，到底有多大的政策效果，目前尚無法預測。但是如果上述的決議眞正付諸實現的話，我方今後在談判工作上的政策規劃、事權統一、沙盤演練，乃至對大陸實情的掌握，以及談判人才的培養等，卻都必須及早開始推動了。

最後，必須特別提及的，是鄧小平並未參與此次會議，這是否意味鄧的體力已大不如前，連露個面都做不到，這也是關心大陸政局發展及人事變遷的人士，特別需要留意的。

重視水患後的大陸人事變局

民國八十年八月

最近幾天，香港傳出中共副總理朱鎔基可能接替李鵬出任總理的消息。如果此一傳言屬實，則溫和改革派重新主導政局，將是指日可待之事。

若從責任政治的角度看來，此次大陸水患所凸顯的水利與建設問題，的確是應該由國務院爲主體的行政部門承擔起責任的。但是由於中共的人事變動一直與派系鬬爭糾結不清，因此眞正的責任政治特性，反而未得彰顯。此次李鵬若因水患問題而下臺，改由務實改革取向的朱鎔基接任，倒是有助於水患善後問題的解決，同時也可使政經改革工作重新展開。

但是重新展開政經改革工作，卻不意味中共將走向蘇聯或東歐式的巨幅改革，也不表示中共政權可能會放棄馬列教條，走向政權開放之路。據悉，鄧小平已告誡朱鎔基要「多做少說，專心幹活，少惹事」，不要步胡耀邦、趙紫陽的後塵，言多惹禍，甚至最後被整肅下臺。

另一方面，李鵬雖然有可能去職，但卻不是被整肅下臺，而仍然可能留在政治局常委會中擔任重要的任務。這顯示中共中央「派系平衡，安定爲先」的要務，將不會有太大的變化。

不過重要的是，一旦李鵬離開了國務院系統，他所力倡的三峽大壩計畫，是否會繼續推動下去，就不得而知了。而中共的改革開放政策，尤其是沿海地區的經改方針，則會在朱鎔基等人的主導下，加速進行。

現實主義的新提法

中共國務院總理李鵬在答覆海峽兩岸統一問題時指出「雙方都是現實主義者」，這是一個新的提法。

從現實主義來理解海峽兩岸的統一，最現實對雙方最有利的就是不以武力來解決問題。江澤民說，「不能承諾不使用武力，不做這個承諾，有利於和平統一。」是另有所指，卽保留使用武力的條件，以便對付臺獨的主張，壓低臺獨的聲浪。

在承認現實的狀態下，海峽兩岸的分裂和不同的發展，在各方面既有懸殊差距，自不必急於訂定統一時間表。基本上，所謂現實主義只是鄧小平實踐論的延續。

沒有統一的時間表，至少可以推估兩岸的統一將在香港九七大限之後，承認統一是一漸進的過程，強調對過去既定政策的堅持並未改變。將過去模糊的說法說得更明白些。

在六四慘案之後，中共國際形象大受損傷，這次召開記者會旨在爲負面形象抹粉，爭取海外華人支持。強調現實性也在這裡，意味不會再持續鎮壓，而是恢復鄧小平的務實政策。但中共仍然堅持社會主義政權的穩定和持續發展，並列爲首要原則，即政權的穩定性要超過政策彈性。是以中共堅持六四鎭壓是必要而合理的，堅持是一暴亂。

其中微妙的變化在於中共已理解到外界，特別是海外華人對六四事件仍然餘悸猶存，除歸罪國際大氣候的陰謀論外，不再強調來自臺灣國民黨的陰謀，對臺灣恢復了和平統戰策略，不希望因六四慘案造成對三通的障礙。中共承認兩岸經濟發展差異懸殊，但堅持不是統一的障礙，也是可以理解的。

又盛傳中共準備對臺動武

民國八十年十月七日

根據香港《南華早報》四日的報導，中共領導層對臺灣獨立運動極感不安，已經由鄧小平與楊尙昆親自下令，作成詳細的「戰爭計畫」。根據此項報導，鄧小平已經決定，如果國民黨到一九九二年年底還不同意展開統一談判，將不惜對臺動武。目前靠近臺灣的廣州和南京軍區已奉命草擬一份詳細的「進攻計畫」，並擬定三項方案：封鎖臺灣海峽、摧毀臺灣一部分的防衞能力，以及對臺發動全面攻擊。而中共「國家主席」，也是總管對臺決策的楊尙昆，則表示對臺戰事如果爆發，將是中共「第一場多元化的戰爭」。中共軍方領袖亦已密集研究波斯灣戰爭戰術問題，做爲對臺戰爭的一項主要參考。

類似的報導過去也曾一再出現，但《南華早報》這次繪聲繪影的報導，又使這問題爲之嚴重化。對於中共的意向，國人的反應是相當紛歧的。第一種看法認爲，這不過是中共方面另一波的心理戰，只是藉詞恫嚇罷了，事實上中共若要攻打臺灣，過去四十年間早就打了。中共並無能力，也無意願攻打臺灣，更不會因爲「臺灣獨立」的理由眞正出兵，國人大可放心。因此，如果今後國內的「臺獨」力量快速成長，也不會威脅到臺灣的生存及安全。臺灣事實上「明天會更好」，國人大可高枕無憂，不必理會中共的威脅。

第二種看法認爲，中共攻臺的可能性隨時都是存在的。但是在蘇聯共黨瓦解，東歐走向自由化改革後，中共日趨孤立，再加上江南江北水患和東南沿海的經濟建設，已行之有年，因此中共實在不可能輕言動武，進攻臺灣，更不可能放棄多年來經濟改革的成果，讓一場臺海戰爭犧牲臺海兩岸人民的福祉與希望。基於此，無論是基於理性分析或現實考慮，中共事實上都不會貿然對臺動武。

第三種看法與前者相似，認爲從理性分析的角度，中共實無理由對臺動武，但是如果臺獨氣焰不消，甚至走上分離的不歸路，則中共政權基於一貫的強硬民族主義立場，仍有可能走上絕裂之路，造成臺海之間的危機與動亂。因此，我們對中共的要脅，絕不可掉以輕心。

第四種看法則對臺海問題抱持較爲悲觀的態度，認爲臺海問題總歸要由戰爭方式予以解決。因此，中共的要脅不但是可能的，而且是終究不可避免的，即使最近這一次的威脅不過是恫嚇而已，但下一次的要脅或危機還是不可避免。

第五種看法則認爲，中共的要脅「似實實虛」，只要國民黨發表一兩項支持「國家統一」的宣言，並對「臺獨」再做打壓，問題卽可解決了。事實上，中共是最講面子的，只要臺灣支持中國統一，並在口頭上否定「臺獨」之路，中共絕不願去干預臺灣的事。大陸本身的事已經夠複雜了，光是要養活十一億人口就夠痲煩的，更何況還要打一場大規模的臺海戰爭，實係「得不償失」。因此，只要臺灣方面給中共當局面子，這項要脅就會和過去的各種恫嚇一樣，很快就煙消雲散。

當然，除了上述五種看法外，還有其他的可能性組合，但是，我們卻必須明白的指出，面對中共的可能的威脅，我們必須先有下列幾項前提性的認識：

㈠中共的威脅或輕或重，或深或淺，但卻絕不是一項「絕不可能發生的幻覺」。而由於中共的威脅對臺灣的影響極爲嚴重，因此在面對中共此一強敵的要脅時，我們絕不可以「邏輯上不可能」、「理性上不可能」的理由自欺欺人，如果眞是以爲「中共不會以任何理由(包括「臺獨」)進攻臺灣」，則我們大可取消國防武力，過沒有軍備支出負擔的生活。但這種簡單的樂觀主義，卻是無知與虛妄的。

㈡中共的確可以以任何理由，包括不需要任何理由，進攻臺灣。但是如果中共有任何理由攻臺的話，則反對「臺獨」卻是一項最充分的理由。因此，在中共面臨強大國際壓力，並深懼「和平演變」的今天，實在不應輕易對臺動武，但是如果中共方面的判斷是，「臺獨」已走上不歸路，或臺灣與大陸的分裂將成爲永久的事實，那麼中共就可能會一改過去冷戰時代的僵持態度，改變對立情勢而爲戰爭局面。上述的分析，事實上也是一種理性上與邏輯上十分可能的判斷，這是吾人不能不防範的。

㈢在國家統一與民族主義的問題上，中共儘管已等了四十多年，但只要它判斷臺灣仍會成為中國（不管是不是「中共」）的一部分，它就可能抑制對臺的動武野心。但是如果它的判斷是臺灣即將走向獨立，則它的動武意圖就不可忽視，對臺灣的威脅也就會日漸強化。

㈣中共對臺的威脅有可能演發而為全面動武，但也可能只是局部戰爭或騷擾的局面，例如「萬船齊發」式的嚇阻，或經濟封鎖之類的部分戰爭行為。因此，儘管以中共目前「千頭萬緒」的處境看來，發動全面戰爭的可能性雖不高，但其他較低層次的威嚇行動，卻不能完全予以排除。

㈤認識中共及認清中共的威脅，乃是一項自立自強之道，絕不是自貶身價或「自己嚇自己」。相反的，忽視敵人的威脅，甚至完全不相信敵人威脅的存在，才是一種鴕鳥心態和夜郎自大的作風，實不足取。因此，我們固然反對不著邊際的危言聳聽，卻不能接受不顧環境的盲目樂觀主義。我們認為，惟有眞正的重視與了解中共問題，才是認識中共威脅的不二法門，也才是我們判斷中共威脅的可靠依據。

基於以上的分析，我們認為中共的威脅或許並不一定如《南華早報》的報導來得那麼嚴重，但卻絕不可掉以輕心，國人宜愼思之，政府亦應早謀對策。

從瑞典社會主義的頓挫看中共的出路

全世界民主國家中統治最久的政黨——瑞典社會民主黨，在日昨的大選中失敗，面臨了自一九二八年以來最沉重的頓挫。它不但極可能失去政權，而且很可能使聞名國際的「瑞典式社會民主」經驗，告一終結。這不僅象徵著民主社會主義的重大失敗，而且也將對蘇聯、東歐等面臨轉型的社會主義政黨，造成沉重的打擊。對於中共而言，這一訊息則不啻增添了一項新的壓力，也告誡著全球各地的中國人：不管是那一種社會主義，都已日漸式微了。

在過去六十年間，瑞典社民黨一直是西方民主政黨中的一個異數，它自一九三二年起執政，一直到一九七六年才因四個反對黨的聯手而初嘗敗績。但四年後它又重掌政權，至今又已過了十一個年頭。總計該黨執政期間，已經超過五十三年。在世界各民主國家中，可說是絕無先例的的。即使是長期執政的義大利天主教民主黨和日本的自民黨，也難望其項背。尤其是逾半個世紀的單獨執政經驗，更是歐洲多黨政治中罕見的奇蹟。

在瑞典社會民主黨長期統治經驗中，最爲人稱道的政績主要有三方面：

第一，建立了成功的社會民主制度。使瑞典人民「自搖籃至墳墓」，都受到社會福利制度無遠弗屆的照顧。瑞典社會主義模式所代表的，包括免費的幼兒看護、義務教育、醫療服務、退休照拂，乃至失業救濟、休假福利等，一切均由政府免費提供。但相對的，政府職能及規模也不斷擴大，而人民也必須以極高的稅負承擔福利制度的開銷。據統計，瑞典人民的收入中，約有百分之五十八交到了政府手中，此一數目約係美國人民付稅比例的兩倍。在西方世界也是最高的比重。

第二，發展出獨立自主的外交路線。瑞典偏處斯堪那維亞半島，爲了維護自身的權益，也爲了促進國際正義及世界和平，乃積極的在強權政治中扮演積極的折衝角色。瑞典及其鄰國芬蘭在過去三十多年間不斷積極扮演國際和平使者的角色，使傳統上孤立的「中立國」角色一變而爲強權政治中的協調者與監督者，並結合許多小國家（如荷蘭、比利時、挪威等）而發揮遠超過其國力的國際性角色。另外，由於瑞典始終維持強大的國防力量，也使國際強權對其實力不敢忽視。因此，雖然瑞典人口僅有八百多萬人，但卻是國際社會中獨立自主、積極活躍而且倍受敬重的一個成員。

第三，擴張了民主與人權的範疇。由於瑞典社會民主制度的成功發展，全球人士也開始重新反思民主及人權的範疇及概念。因此，民主不僅是一種政治的概念，而且也及於社會及經濟範疇。而「經濟人權」與「社會人權」的觀念也孕生而出。這說明了過去在資本主義體制下的民主理念已受到挑戰與修正。弱肉強食、貧富懸殊的自由經濟制度的可能苦果，也因爲社會福利制度的補正，而更富於人道的面貌。換言之，政治民主雖然仍是民主制度的主要內涵，但在維繫人的基本生存權利、社會地位及經濟福利的要求下，民主也包括了社會及經濟的內涵。不分人種、膚色、職業、出身、階層與貧富，同享民主制度的保障，乃成爲瑞典式民主體制的一大成就。

但是，物極必反，在超過半個世紀的單獨執政之餘，瑞典社民黨終於也面臨了沉重的打擊，並在日昨以百分之三十八的得票率，面臨了六十多年來的最嚴重失利。其中肇因有下列各端：

㈠社會福利開銷過鉅，人民賦稅過重，造成工作意願低落，投資不足，失業率節節上昇，通貨膨脹率居高不下，去年度的通膨率是西歐各國中最高的。

㈡政府開銷過高，社會福利制度造成「大政府」現象，由於經濟成長停滯（零成長）政府只有以「赤字預算」施政。預估到一九九二年赤字將高達一百億美元。

㈢爲了維持獨立自主的外交路線，瑞典社民黨政府遲遲不願加入政治意味濃厚的歐洲共同體，但是隨著「歐洲統合運動」的加速進行，瑞典人民深恐孤立政策將會造成該國生活素質日趨低落。因此希望外交政策有所轉圜。

㈣東歐與蘇聯的社會主義解體，亦對瑞典社民黨造成嚴重打擊。雖然蘇聯與東歐的共產主義並不同於瑞典的社會民主主義。但是強調國家干涉、社會福利制度、大政府（也造成官僚主義）等特性，卻有相當程度的類似性。

對於亟力尋求變革的東歐及蘇聯共黨（或前共黨）人士而言，瑞典社民黨的挫敗的確是一項沉重的打擊。因爲這些共黨領導人，包括匈牙利共黨領袖尼爾許和蘇聯總統戈巴契夫，都曾將其改革藍本，寄託在瑞典社會民主模式上。但是，現在連瑞典社民黨都失敗了，則社會主義的正當性，自是難再自圓其說。

對於中共而言，瑞典社會主義的頓挫，則意味著蘇聯東歐的國家社會主義，以及北歐的社會民主主義，都已日暮西斜。如果中共還要堅持「社會主義救中國，中國要救社會主義」，恐怕也是痴人說夢。但是，空洞的意識型態教條，終究是無濟於事的，在蘇東波的衝擊和瑞典社會主義失敗的教訓下，中共惟一的出路，恐怕只有從全盤揚棄社會主義路線著手，其具體內容包括：

第一，放棄四大堅持，揚棄共黨專政，開放民主改革，發展政黨政治，否定馬列主義和國家社會主義，保障基本人權與自由。

第二，實施自由經濟及市場經濟，鼓勵經濟發展，並全面揚棄公有制及統制經濟。

第三，實施全面性的政體改革和行政改革，矯正官僚主義流弊，裁汰冗員，全面革除「吃大鍋飯」的惡習。

第四，持續經濟改革，增加就業機會，以實質的經濟成長，改善民生，並保障人民生活無虞溫飽，維持基本社會人權及經濟人權。

但是，上述的變革對於中共而言，恐怕實係太過沉重的負擔，也不易在短期內實現。因此，在蘇聯、東歐社會主義的沉淪，以及瑞典社會主義的頓挫之餘，我們恐怕就要等待社會主義在中國大陸的另一波全面退卻了。

二、兩岸互動與國際情勢

海峽兩岸關係的調整與展望

民國七十七年八月十五日

最近幾天，臺海兩岸的音樂家們，在紐約的哥倫比亞大學會晤五天，廣泛的商討有關音樂技術、樂曲內涵及出版等方面的問題。兩岸的音樂家均認爲，雖然兩地相隔四十年，但音樂上的共通語言卻是同多於異，音樂中展現的文化中國訊息，更不因時空的差別而有明顯的異同。換言之，在政治相對立的現實處境之外，臺海兩岸間的文化交流應是自然不過的事。而且藉由文化交流做爲先導，海峽兩岸的對立緊張關係，實有逐漸緩和的可能。

就在紐約的音樂家會議舉辦的同時，紐約大學政治學教授熊玠在臺北透露了一項來自中國大陸的訊息。他表示在七月間他訪問大陸時，中共高層領導人曾向他透露，爲了消弭「臺獨」與「獨臺」，中共願意放棄使用武力，組織聯合政府，研究制訂新憲法，並放棄四個堅持，以加速統一大業的完成。另外他也表示，中共當局對陳立夫先生所提的「實業計畫建設大陸案」極感興趣，顯示海峽兩岸關係轉變的契機，的確已經出現。

熊玠透露的訊息，立即引起了此間朝野人士的高度關心。其實早在四、五年前，紐約的華文新聞界中，早已傳出熊玠往訪臺海兩岸，傳達訊息的消息。去年夏天，又有熊玠往訪海峽兩岸三次，會晤兩岸領導人的新聞出現，但這些消息均未廣爲輿論界所知悉。此次類似的消息傳出卻廣爲大衆注目，顯然係因政治強人時代結束與戒嚴解除所致。

對於熊玠所傳達的訊息，一般的反應有兩種：第一種反應認爲，這不過是中共另一次的統戰伎倆，中共絕不可能放棄四個堅持，更不可能宣佈對臺放棄使用武力。另一種反應則認爲，由於大陸內部嚴重的通貨膨脹、信心危機與改革困境，以及因臺灣開放探親而出現的兩岸新情勢，中共領導階層的確有可能採取和解的態度，以期改善臺海兩岸關係，並藉使中共當局所亟亟關注的統一問題，獲得因解之新機會。至於熊玠所扮演的角色，事實上可能也是普遍的存在於其他經常往返兩岸的學者身上，只是熊玠的態度較爲積極，說得早一些就是了。

對於上述兩種看法，我們認爲皆言之成理。但是不管我們對中共方面的疑慮如何，我們的因應態度卻必須是積極的。我們的理由是這樣的：

首先，我們必須肯定，中華民國政府堅持統一大業的前提，是中共宣布放棄武力攻臺、放棄四個堅持、放棄中共訂定的憲法，以及以中國文化與民主自由爲兩岸政權的共同依歸。如果中共眞正能公開做此宣布，我們當然應有積極的回應，我們以爲，如果政府認爲和平統一完全不可能實現，則不妨直接宣布杜絕一切和平溝通的可能。但是如果提出了和平統一的先決條件，而中共當局又願意接受的話，我們在統一問題上，自應有更明確的態度。

其次，我們必須從理性的角度看待大陸問題，並藉以處理海峽兩岸的關係。基於在大陸失敗的經驗，許多黨政領導人總認爲，大陸當前許多施政的出發點，是基於統戰的考慮。譬如說，當前大陸內部的許多改革措施，乃是爲了吸引臺灣商人的資本，並藉以套牢住這些商人，等到必要時才露出險惡的居心，大量退貨或切斷關係，造成臺灣商人的惡性倒閉，並進而威脅臺灣的經濟命脈。類似這種的「恐共說詞」與「統戰邏輯」，過去也經常出現，但是如果按照上述邏輯，則臺海兩岸之間最後只有武力決戰一途可走。但是這一套說法卻無法處理一個關鍵問題：共產政權本身並不是無所不能的，爲了共產政權本身的維繫，它必須推動改革，實施經濟調整與行政革新，才能化解內部的派系爭鬪與民間的嚴重不滿。基於此一政權維繫的關鍵性因素，中共當局的主要施政絕不可能是全爲了統戰的考慮，更不可能一切是爲了針對臺灣而設計出的糖衣毒藥。事實上，從中共的角度來看，臺灣問題只是中共當局當前許多待解的重大政策問題之一，但它的迫切性卻在物價改革、所有制問題、對蘇關係、行政改革等問題的考慮之後。

基於此，我們必須指出，針對中共內部領導階層當前的紛爭，以及大陸民間對中共施政的嚴重不滿，我中華民國政府必須改變過去恐共、懼共的消極退守作法，改而積極的制訂全盤性、進取性的大陸政策，使「三民主義統一中國」不再停留於口號與宣傳的層次，而能成為反制統戰伎倆的有效作法。在這項政策下，中華民國政府至少應對大陸同胞與中共政權提出下列宣示：

一、海峽兩岸政權應基於自由民主的原則，肯定中華文化的前提，運用和平的途徑，努力於中國統一的大業。

二、基於上述和平統一的各項前提，臺海兩岸應尊重人民的權益與福祉，進行文化、經濟與民間的各項交流。臺灣民間並願對大陸的經濟建設予以必要的資助與人力協助。

三、在肯定中國終將和平統一的前提下，現階段臺海兩岸政權基於平等互惠的立場，應在雙方目前的名稱下，共同參與各項國際會議與國際團體。

四、臺海雙方政權應肯定，為了完成統一大業，應先經由民間長期的廣泛交流與溝通，最後雙方應基於民主的原則，由全民投票來決定執政的權利與機會。

最後，我們必須強調，政府在調整與制訂大陸政策之際，必須廣泛的徵詢民意，並將具體的議案送交民意機構討論通過，才能使這項以民主為前提的政策方案，本身合乎民主原則的檢驗。

「對等政府」與「一國兩政」

民國七十八年四月十日

外交部長連戰日昨表示，重返國際組織是政府的既定目標，「對等政府」是很實際的觀念，行政院長俞國華也曾表示，「一個中國，兩個政府」的想法頗值參考，對突破外交困境頗有助益，已交由外交部研究充實，作爲決策參考。

對於上述政府的態度，我們認爲值得鼓勵和支持。因爲「對等政府」或「一國兩政」的概念，與中共所提的「一國兩制」名詞雖然近似，但內容卻完全不同。「一國兩制」是使中華民國政府地位降格的統戰伎倆，而且在一九九七的香港問題塵埃落定後，「一國兩制」終將成爲使臺灣地位降格成爲地方政府的統戰「陽謀」。事實上，不管共產體制是如何失敗，「一國兩制」的基本前提一定是在相當時日後，使港、臺回歸到共產制度之下。因爲，在「四個堅持」不變的條件下，港、臺的自由經濟與民主體制無論如何成功，最後總要臣屬於社會主義公有制與極權政體。因此，「一國兩制」無異是使臺灣向大陸投降，我們當然是無法接受的。

至於「對等政府」或「一個中國，兩個政府」的概念，則是基於對等的立場，承認中國只有一個，但現在有兩個政府並存的現實性作法，我們認為此一提法，不管是對臺灣、大陸、海峽兩岸的中國人，甚至全球的華人而言，都是饒富深意的。我們可從下列幾方面分析：

㈠承認「一國兩政」與「對等政府」，一方面堅持了「一個中國」的基本原則，另一方面也藉著事實上的「對等承認」，使得臺海兩岸的緊張衝突，得以消弭。

㈡承認「一國兩政」，不但合乎當前臺海兩岸間的事實狀態，而且合乎中國歷史經驗，不管是南北期或近代的南北政府，都有兩個以上的政府同時存在。但是承認事實並不等於喪失國家統一的決心，也不意謂著主權的淪喪。相反的，海峽兩岸的任何政府均得繼續堅持中國終將統一的立場，並可繼續對內強調其統一中國的主動性。

㈢承認「一國兩政」與「對等政府」，可以使臺海雙方政府，在無損主權的前提下，消除「臺灣獨立」的不安定因素。在堅持「中國終將統一」，臺灣絕不獨立」的前提下，承認現狀對雙方都是有利的，而且也有助於兩岸間和平狀態的維持。

㈣承認「一國兩政」，可以有效的解決雙方政府在國際組織中的席位問題。既然承認雙方均為中國的一部分，那麼名稱與席位問題都將成為次要，也就不必為這些次要的「正名」問題而困擾，當然也就不至於一再的為這些問題傷了和氣。用中國大陸的一貫語氣來說：「既然承認大家都是中國人了，又有什麼不好商量呢？」對於臺灣而言，既然承認對等的狀態，要重回國際社會與國際組織，也就容易多了。

㈤無論是對臺灣或大陸而言，承認「一國兩政」，就可進行公開和平的競賽，一方面，大陸不必擔心臺灣走上獨立的道路，另一方面也可藉臺灣的發展經驗幫助大陸的現代化。在這樣維持雙方對內自主、對外互不干涉的前提下，海峽兩岸的溝通合作將會成爲一種良性循環，雙方政府在軍事上的支出，也可逐漸降低，甚至逐漸演變而爲僅以防禦性支出爲限。在減少軍事支出的情況下，海峽兩岸的建設將更具成效，對於兩岸，甚至是全球的中國人而言，都將是一項喜訊。

基於上述的消弭臺海衝突、堅持統一、否定臺獨、重回國際社會與減輕軍事負擔等五項理由，我們認爲「一國兩政」與「對等政府」的概念，是對海峽兩岸中國人都極富深意的，對中國整體的現代化努力，也有積極的影響。雖然有人擔心中共在一時間可能不會接受這樣的積極性作法，但我們認爲只要從下列三方面著手，中共當局應該會仔細反省此一政策的正面價值。我們的建議是：

第一，由政府發表一項正式聲明，使國際社會與全球中國人都能了解此一政策的積極意義。也使中共當局了解此一政策一方面堅持了中國統一、否定了臺灣獨立，另一方面也對整體的臺海和平與中國現代化建設，有實質的助益。

第二，如果中共當局願接受此一政策與觀念，中華民國當局願意宣佈，將「海外經濟合作發展基金」的經援對象，擴及中國大陸。中華民國政府與臺灣同胞，並願意以實惠的各種投資與援助計畫，支援大陸的各項建設。

第三，政府應直接或間接的以各種管道，鼓舞海內外的中國人，呼籲中共當局接受此一善意與和平的政策提議。不管是大陸內部的民主人士、改革政策的支持者或海外的統派人士或民運份子等，均應列入鼓舞對象。我們相信，只要出諸理性與誠心，當全球華人對中共政權形成民意壓力之際，此一政策是可以實現的。

從大陸留學生訪臺看兩岸關係

經過了幾個月的愼重考慮與安排，政府終於同意並公布了大陸留美學生訪臺的計畫。從最近幾天海內外各方面的反應看來，這項政策無疑是頗得人心的。這顯示政府的大陸政策並不只以守成爲主要考慮，也顯示朝野各方在對大陸關係的作法上，已經越來越成熟、穩健了。

首先，就此次訪臺的人選名單看來，考慮的層面可說是相當周全。入選的五位大陸留學生，均係海外一時之選，專攻的科目也涵蓋了政治、經濟、傳播及哲學等領域，而且對於大陸問題與東亞鄰國的發展，也有相當的認識。因此他們來臺參觀，必然會有相當多的獨立見解。另外，入選的名單中，並無海外反共組織「中國之春」的成員，也顯示有關單位的作法已超越了過去的「反共義士」的格局。而且根據報導，有關單位並不冀望來訪的中共留學生們，在臺發表任何反共言論。相反的，政府希望他們言無不盡，把他們對臺灣的眞實感想儘量提出來。有關負責人也希望朝野均能以平常心看待他們的來訪，這樣的作法，無論就賓主而言，都是値得稱許的。我們希望新聞界的同道們也能以這樣平實的態度迎接他們的來訪，切勿渲染過分。

但是，我們必須在此先行提出建議，無論是這次大陸留學生的來訪，是否合乎我們預期的效果，這項開放訪問政策均應持之有恒。而且，訪問期間及來訪名單，均應進一步地擴大。就前者而論，我們認爲訪問期間應可延長爲十天至一個月左右；而來訪人數，雖只維持一次五人左右的原則，以利安排，但名單取捨範圍不妨擴大。無論是「中國之春」的公開成員，或比較堅持社會主義與計畫經濟的非共產黨籍學者，均可列入後續的名單之中。換言之，來訪的名單不應只以「中性」爲主要考慮，而且應以「多樣性」爲日後的參考原則。另外，在前幾批的來訪名單中，儘可以人文與社會科學的學者爲主，但日後也應廣納學習自然與應用科學的專家。熟悉海外學術行情的人們都了解，大陸留學生中的「意見領袖」，雖以研習人文與社會科學者較受矚目，但就學術成就而言，更多的人才卻是出自應用及自然科學的領域。

除了人選的考慮之外，有關單位也應特別注意：開放大陸留學生來訪，不僅是讓他們對臺灣有更多的了解，使臺灣的建設成績和社會發展趨向，均能更爲吾人所知，而且我們也應把握此一機會，對大陸的發展實況與困境，有更深的理解。因此，有關單位應安排國內各領域的眞正專家，以及專研中國大陸及共黨問題的學者，在他們來訪期間進行深入的意見交流。這不僅是一項重要的資訊媒介，而且由於是大陸學者在臺灣實地觀察後再提出的分析意見，特別能鞭辟入裏，直探問題的核心。但是値得注意的是，這種意見交流必須是雙向式的，而不可流入過去「匪情研究」式的情報搜證之格套。參與對話的國內學者，應該基於「爲全中國謀福祉」的立場，誠懇的與大陸學者溝通。才能透過雙方觀點互異的攻錯立場，找出眞正的問題癥結來。我們相信，從這種相互尊重、互相關心的立場出發，海峽兩岸關係的改善，才能跨出更堅實的一步。

當然，根據上述的說明，我們不難了解，當前政策把訪問時間訂爲十天，是絕對不夠的。因此我們建議，今後應將來訪期間訂爲十天至一個月。另外我們還要建議政府，應以「個案審議」爲原則，開放大陸學者來臺做實地研究。實地研究的期間，應依其提出申請的研究課題，做彈性處理，短則一、二月，長則半年均可。由於係採取個案審理的原則，而且必須要求申請人不得從事政治活動，因此，國家安全的前提當不受妨害。但是，這種學術性的實地觀察，卻有助於大陸學者對臺灣建立眞實的了解。事實上，在兩岸敵對諜報活動層出不窮的今天，開放公開性的學術之旅，對國家安全的威脅更屬有限。但是這些公開的學術活動，對加強海峽兩岸的眞實了解，卻有莫大的裨益。

基於以上的分析，我們願進一步建議有關當局，在開放大陸留學生來臺一段時間後，應開放公立學校教師的大陸探親活動，並容許他們赴大陸從事學術研究。事實上，目前赴大陸探親的人士，早已不乏從事貿易交流、新聞採訪、演講座談及表演活動者。政府對這些探親期間的「附帶」活動，並不阻止。但是到目前爲止，公立學校教師及研究人員，仍排除在合法探親名單之外，雖然私下赴大陸者所在多有，但畢竟背負著法律制裁的風險。因此，及早的擴大合法探親的名單，是絕對必要的。

最後，我們要呼籲政府，在開放大陸留學生來訪之後，應進一步開放大陸傑出學者及東歐與蘇聯學者來華訪問。政府儘可堅持，凡共產黨員不得來臺，但對非共學者，卻不應畫地自限。事實上，在當前轉變快速的國際情勢下，中國大陸、東歐及蘇聯學者的來訪，正是增進我們對他們認識的最有效途徑。他們若願來訪，我們歡迎之不暇，豈可拒人於國門之外？我們希望這項開放政策能早日付諸實施，使我們的大陸政策與外交政策，能開拓更大的活動空間，也使國人開展出更寬闊的國際視野。

兩岸互動與統一前途

民國七十八年一月一日

從去年秋至今的一年多時間，隨著大陸探親活動的開放，臺海兩岸關係出現了極大的變化，政府的大陸政策，也成爲民間注目的焦點。許多輿論意見，認爲政府應該持續開放政策的幅度，加速兩岸間的民間交流，並化解人民之間的敵意。也有部分的輿論建言，認爲政府應減緩大陸政策的開放速度，以免產生不良的後遺症。並造成臺灣同胞對大陸的奢望與幻想，進而造成心防的瓦解。

筆者的看法是開放政策的方向應該持續不變，但步調宜緩態度應更爲愼重，並應儘速制訂有關政策，修改牽涉的各項法令，在後續工作做好準備後，再進一步擴大開放的幅度，但是，此處應將開放幅度的指涉意涵，先做一界定。

在近程的開放政策上，筆者認爲，公立學校的敎師（校長及一級主管除外）應列入開放探親的範圍，因爲他們的工作性質基本上與私立學校敎師完全相同，不應厚此薄彼。但是公務人員（實際負責政府公務者）、軍警人員，凡有洩密之虞者，則不得列入開放之列。另外，所有返鄉探親人士，均不得與中共高層官員接觸，回臺後的言行也應受到法律的約束。

至於兩岸互動後產生的各種法律問題，政府應儘速立法尋求根本解決。很可喜的，最近已有一些民意代表及政府研究中心加入了擬法的行列，政府應鼓勵此種參與法律制訂工作的行動，俾使有關當局及立法機關，均有較多的參考方案，以利修法工作的推動。

其次，在大陸人士來臺的規定方面，筆者同意大陸臺胞返鄉權利應僅及其個人與未成年子女，而不應包括其他親人，這是因爲臺灣地區人口壓力與安全考慮的必然政策。另外，筆者也同意準備來臺定居人士必須係非共產黨籍，若爲共產黨員，則應先宣誓退黨，始准入境。但若爲短期來臺參觀或開會之留學生、學者、藝文界人士等，則應廢除此一規定。只要政府規定其旅臺期限（十天至半個月），並控制其總人數，無論其黨籍如何，均應不致發生國家安全問題。

再者，爲妥善處理兩岸人民關係，政府應在短期或中期的施政表上，列出制訂臺海兩岸關係法及設立常設機構的立法與施政方針。雖然目前召集各部會共同商議大陸政策的決策方式仍可持續，但爲妥善處理細部執行問題，實應設置常設機構。如果設立大陸事務部將有困難，至少也應在內政部設立大陸事務委員會或大陸事務署，以統一事權。否則不同單位負責不同的業務，勢必造成多頭馬車的困擾。

此外，在中長程的大陸政策上，政府應做整體性的規劃，將內政、外交與大陸政策，做好統一協調的各項準備工作，並擬訂不同方案，針對不同情況提出不同的對策，此一長程政策，內容極爲複雜，茲僅就一愚所得，提供一二淺見。

首先，政府應將外交政策與大陸政策做好通盤考慮，在尋求彈性外交的同時，對中共提出積極的對應政策。最近中共最高當局已經開始擔心中華民國擴大國際友邦的作法，並進而出言恫嚇。爲了使彈性外交政策與重返國際社會的理想逐步實現，外交當局除應以經貿等實質利益，聯絡各中小國家，並尋求與其建交外，還應以正式的政策聲明，向中共當局、大陸同胞及國際社會正式宣告，中華民國政府尋求國家和平統一與謀求全民福祉的決心，並承認當前國家分裂的事實，但在國家分裂期間，中華民國政府堅持不走獨立路線，並願以實際的政績與治績，與大陸做和平競賽。政府並願在承認中國終將和平統一的前提下，以政治實體的地位重返各項國際組織，並與各國建立邦交。

爲了表現中華民國政府與人民關心大陸同胞福祉的誠意，政府應進一步提出對大陸的經援或貸款計畫，此一計畫可以透過多種方式達成，或則藉加入聯合國經合組織的機會，依其規定對大陸進行固定比例的經援，或則依陳立夫先生的提議，以經援或低利貸款方式，支助大陸的經濟建設。至於其中細節，因牽涉殊多，此處不做討論。但是前項表明重返國際社會與和平競賽的政策聲明，應伴隨後項的經援或貸款政策，一同發佈。而經援款額除應儘可能的優厚外，亦需列出各項細節但書，使主動權完全操之在我。但其中的聲明措詞則宜緩和，並堅定的表明對大陸同胞的關愛之忱，以期使對大陸民心與國際輿論，構成震撼性的積極效果。如果中共悍然拒絕，也一定會造成大陸同胞與海外僑胞的失望與指責。

上述的聲明，如果收到積極的反應，則我重回國際社會，將指日可待。如果中共仍拒絕，則我方之和平立場及親善誠意，亦已傳達給大陸同胞與國際社會，也必有助於國際友我情勢的改善。因爲，依我國當前之經濟實力與和平統一國家之誠意，至少國際社會中同情我方之力量，會因爲此一聲明而有所增長，而各國際組織中對中共所施的壓力，也將因而俱增。最近，南韓一旦表現了親善誠意，東歐的匈牙利迅卽做出積極反應，甚至願公然犧牲與北韓之關係（金日成之第二子才駐節匈牙利未久，但匈牙利依然不賣帳），匈牙利甚至進而願與南韓正式建交。雖然，當前我國並不像南韓一樣，具備此一相對之實力，但如果我們能結合外交攻勢與經濟實利，至少也可以使許多國家，在國際組織中採取對我較爲有利之立場，以助我方重獲會籍，進而獲得更多的友邦。

當然，在上述的政策聲明中，我們應該避免涉及任何有關統一之實質問題，更不應觸及和談可能性問題，當前政府的基本政策仍應繼續堅持。同時，政府在釐訂有關政策時，也應兼顧國內政情發展，並擬訂各種對立方案。譬如說，當前輿論界所提出的大陸代表制問題，就不應僅從內政層面做考量，而應放在內政—大陸—外交政策的連續層面做分析，經過通盤檢討後，我們才能判斷出此一方案的利弊得失。我們應知，政治是可能的藝術，執政者不應只根據一時的處境做研判，或立卽就判斷方案不可行，我們必須掌握一切可能的契機，以免再喪失任何有利的時機。

總之，今後的大陸政策，應運用一切可能的機會，廣徵民意與專家的建議，研判各種可能的方案，並系統化的檢討各項政策之間的關係，才能制敵機先，化被動爲主動，我們應該迅速的把握當前中共政改與經改的困局，以及國際間列強對抗鬆動的有利情勢，以尋得更大的運作空間。惟有我們以彈性的作法、周全的布局、縝密的分析，掌握了變動的契機，我們才能在未來統一大業上，奠定最有利而紮實的根基。

開展彈性外交中的障礙與干擾

民國七十八年三月二十七日

最近一段時間裏，由於李總統訪問新加坡；外貿協會準備在東歐的匈牙利、南斯拉夫等國設立商務代表處；以及官方同意共黨國家美女來臺參與選美大會等事由，使得政府的彈性外交政策展現了具體的成果，也頗引起輿論的廣泛支持。但是另一方面，也有一些無謂的干擾與障礙，阻止了更進一步的外交建樹，値得吾人深思，更値得政府仔細檢討。

首先，是由於外交人事布局的過早曝光，以及未能先徵得當事人的同意，而迸發的一連串新聞事件，甚至引發了新聞單位與事件主角之間的輿訟問題。關於這些事件的來龍去脈，輿論界報導頗多，不必贅述，我們僅就評論意見加以整理，分析如次：

㈠外交首長應有人事調動的全權，尤其是政務官的任免本來卽屬政治運作範圍，因此只要人事布局合理而不偏私，而且合於國際慣例，卽屬合理權限。

㈡由於外交官的駐外派遣與一般行政任職性質不同，且牽涉官員本身的家庭生活、子女教育等多重考慮，因此外交首長在派遣高級駐外人員時，應先考慮當事人之主觀意願與客觀條件，並徵詢本人同意。基於此，上項之「人事布局應合理而不偏私」的原則，應注意到外交全局、個人條件、主觀意願等各項條件。事前之洽商協調，尤應顧及，否則必將影響到人事之和諧，也將間接造成外交績效之不彰。

㈢關於人事任命案中橫生的一些枝節問題，我們不願對其中的是非表示意見。但是我們必須指出，對於涉及的行政人員，卻應該釐清私人言行與公務行爲的分際，並就其中是否有違犯官箴之情事，細加檢討。我們認爲，肩負新聞文化宣傳工作的公務人員，絕無理由私下向新聞界發布任何未經官方認可的消息，也無權以私人的身分對政府人事布局做任何公開的分析。因此，即使公務人員要求隱名埋姓，私自向新聞機構發布不實消息，事發之後卻不能以「私人行爲」爲由，而免於行政制裁。關於此一事件應如何進行行政處置，我們不欲表示任何意見，但必須建議政府，應對其中之行政責任，細加檢討，否則今後行政人員之職分操守，必將大受影響。

除了上述人事問題所引發的滋擾外，另一件受人矚目的事件，是選美會中國旗懸掛的問題。到目前爲止，絕大部分的輿論意見，都認爲政府應該容許各共黨國家的國旗在大會中懸掛。政府卻以內政部的禁令爲由，堅決禁制之立場。對於此一問題，我們的看法是：

㈠政府應以「己所不欲，勿施於人」的態度正視此一問題。既然我們自己不希望在國際性場合受人歧視，既然我們自己非常重視中華民國國旗的懸掛問題，我們就須注意別的國家以同樣的理由要求或譴責我們的可能性。

㈡我們應該以現實的態度看待共黨國家與共產黨的問題。既然我們要開拓外交局面，便必須認清，如果堅持共產黨員不能來臺，我們就不可能與這些國家改善關係，因爲他們的絕大多數官員和領導人士，都是共產黨員。同樣的，如果我們堅持不得懸掛這些國家的國旗，對方就會在強調原則與國家尊嚴的立場上，拒絕與我往來。那麼我們的彈性外交就將變成自絕於人了。

㈢我們認爲，政府的命令和法律都是可以修改的，只要我們認爲修正這些法令有其必要，就不必故意強調法令的限制。如果政府擔心民間或有反對派人士，對此加以挑撥，那麼政府就不妨以正式的聲明，表明政府立場，對於懸掛共黨國家國旗一事，在國際性會議或國際場合中可做專案處理，其他場合則依然不准懸掛。這樣一方面不會將目前的僵局拖延下去，另一方面也表達了政府的立場與決心。這樣就可以既堅持法令尊嚴，又符合彈性原則了。

總之，我們認爲，外交本來就應該是彈性的，如果我們要強調彈性原則，就不應再僵守不合時令的法令，更不應再以所謂的國策問題，壞了大局，傷了和氣。

必須妥切把握海峽兩岸關係的形勢

——九十年代國家前途的基本問題

民國七十九年一月七日

在過去一年間，臺海兩岸的環境變化甚大。隨著「六四天安門事件」的發生，中共政權在國際間日感孤立。而東歐民主化與自由化的浪潮，更使北京的強硬保守當權派深感不安，對民主運動更是提防有加。「四面楚歌」之勢，似已逐漸形成。

至於在臺灣方面，隨著「臺獨」聲浪的增長，臺海關係也已蒙上了一層陰影。中共犯臺之說，也逐漸甚囂塵上。根據海外學者林中斌先生在去年尾的「民間國建會」中所作的分析，中共犯臺有下列七種可能步驟，亦即：㈠騷擾治安；㈡漁船刺探；㈢海岸封鎖；㈣空降滲透；㈤導彈震撼；㈥空海攻擊；㈦登陸本島。其中第一項，包括黑槍走私、流民滲透等，已經對臺灣治安構成了相當程度的影響。如果繼續往其他步驟發展，尤其是過去比較少見分析的第五項導彈震撼，亦即在臺灣領海的無人島嶼中進行導彈試射，並聲稱該地爲「中國領土」，則可收不殺傷人民，卻造成人心渙散、股市狂瀉、資金及人民外流的效果。至於其他各項步驟所可能帶來的負面影響，自不待言，但對臺灣社會帶來的災難性結局，卻是無可置疑的。

針對臺海未來情勢的發展，我們並不認爲「兩敗俱傷」是唯一的可能結局，相反的，如果經由廣泛的善意交往，仍有良性互動的可能。但是，如果既要堅持「三不政策」和反共立場，同時又局限在當前的決策模式內運作，則要減低臺海關係發展上可能出現的風險，就會比較困難。但是，如果我們能顧及到下列的各項因素，則未來的發展局勢未必不可樂估。這些前提因素是：

㈠在政府方面，應使目前的「大陸工作會報」以及今後將成立的「大陸事務委員會」，成爲大陸政策及相關政策的眞正領航者。該機構針對中共犯臺可能性所作的分析與對策，就必須爲其他部會，包括國防部、經濟部、情治單位等所共同遵循爲相關政策制訂的張本。譬如說，針對中共騷擾治安、漁船刺探和進行海峽封鎖的各種可能步驟，國防及治安當局就必須以加強海軍人員及防衞設施爲基本政策方針，卻不是考慮如何去加強灘頭陸戰能力。另外，在黑槍走私已無法有效遏阻之際，應儘速成立海上防衞隊，或擴充保安水警的人力與配備，方能有效減緩治安惡化的趨勢。

㈡在反對黨方面，應儘速加強對公共政策及國防、外交政策方面的研究，尤其必須培養通曉大陸事務，兼具國際知識的反對黨人才。絕不可再動輒以情緒化的動作與言詞，如焚燒五星旗，或反諷中共爲何不早點打臺灣等幼稚的作法，做爲逃避問題的託詞。做爲一個成熟、負責的反對黨，必須能提出一套立基於理性與客觀知識基礎上的政策政綱。但是很可惜的，到目前爲止，我們卻只聽到「大幅度裁減國防預算」、「改徵兵制爲募兵制」、「取消國安法」、「開放出入境管制」這些不負責任的主張。反對黨人士必須反省，如果他們眞的執政了，有可能眞的實踐上述的政策主張嗎？

㈢在大陸政策的具體作法上，政府應進一步開放大陸記者來臺採訪，實地了解臺灣社會與民主發展實況，尤其是得以了解「臺獨」勢力的發展背景，經由大陸新聞媒體的反映，中共當局才能比較務實的做出合宜的對臺政策，並減少盲動犯臺的可能性。另外，在邀請大陸留學生及傑出人士訪臺時，也不應以「反共」爲唯一的考量，而且亦應以能影響中共的人士爲優先考量，才能使「良性互動」有實質的立足點。

㈣政府亦應開放臺灣的傑出學者與專家，尤其是對中共及共黨問題素有研究之士，組團訪問大陸。反對黨方面亦應派其內部的政策研究者往訪，才能設身處地的了解大陸實況。並且由「面對面」的接觸，建立起了解與溝通的管道。在共產主義已全面衰退的今天，政府當局實在不必爲中共「統戰」的可能影響而過於操心了。因此開放並鼓勵優秀的國內知識份子訪問大陸，是絕不容再拖延的政策。

㈤政府應容許，或至少默許民間人士和大陸相關人士，在第三地（如香港）成立民間性質的仲裁機構，並容許建立非官方的溝通管道。我們相信，在「臺獨」勢力不斷增漲，中共武力犯臺可能性亦與之俱進的今天，唯有容許增加溝通管道，減少資訊不足所造成的誤解，才是避免臺海危機的唯一之道。因此，容許民間成立長期性的仲裁機構，並賦與其多方面的功能，實在是有深切必要的，也是眞正符合國家利益的。這也才是今後大陸政策必須做的一大開創。

對中共所提兩黨政治協商的看法

民國七十九年六月十八日

本月十八日中共出版的《瞭望》雜誌，刊載了中共社科院臺灣研究所副研究員力文所撰〈向李登輝總統進一言〉的專文，其中強烈批評李總統的大陸政策，抨擊「一國兩府」論實際上將會走向分離，製造兩個中國。該文並建議，臺灣若對統一有誠意，應該與中共進行對等談判，如果考慮到目前臺灣地區政黨政治的現實，也可舉行以兩黨爲首，邀請兩岸各民主黨派共同參加的政治協商。

由於這篇文章是以研究人員署名方式撰寫，因此我們建議政府與執政黨有關單位，不應就此文做任何之公開性反應。而且我們更要向政府提出建議，那就是，我們的大陸政策不可因爲中共方面任何非善意的回應而頓挫。事實上，面對中共統戰策略時最重要的態度應該是：

㈠堅持自己的立場，絲毫不做讓步。

㈡在原則問題上要年年講、月月講、日日講，唯有形成有利的氣氛，才能逼使中共逐漸讓步。

㈢在策略運用上要劃分階段，依情勢演變而運用不同策略，同時不將底線或底牌輕易示人。

基於以上的原則，我們認爲政府今後在臺海問題及大陸政策上，應把握以下的立場：

第一，要不斷重申李總統的積極性大陸政策，而且必須不斷堅持和平統一的前提必須是大陸內部的民主化與自由化，並以全中國人民的自由福祉爲依歸。因爲上述的立場不但是大陸人民的共同企望，而且也是在六四之後國際輿論對中共的一致要求。因此儘管中共方面對此一立場採取了峻拒的態度，但這些原則與立場正是我們得以號召大陸人心及海外華僑的主要憑恃。

第二，我們不接受「黨對黨談判」的統戰要求，也不可接受所謂「兩黨爲首，各黨派共同參加的政治協商」，因爲「黨對黨」談判勢必將矮化中華民國的國格，使中華民國對大陸人心的號召立場頓時喪失。我們必須肯定，過去四十年來中華民國政府在臺灣戮力建設的最大成就之一，就是以代表中國人民的國格與具體的政績，使大陸人民淸楚的了解：海峽對岸的國民黨政權，遠比大陸的共黨政權更合乎民心所嚮，也更具治國能力。因此，我們雖然反對臺灣獨立，但也必須肯定，如果當年中共拿下臺灣，則今日臺灣必定成爲「悲慘之島」。因此，今日臺灣的富裕與發展，正是中華民國屹立不移的結果。在未來臺海兩岸的良性互動發展過程中，如果輕易的否定了中華民國的存在，採納所謂的「一國兩制」，則勢必逼使臺灣像香港一樣，走向「大限」。因此，中華民國的繼續存在，以及享有對等的主權地位，不僅是對臺灣同胞的負責任表現，也是對全中國人民的自由民主負責的一種積極態度。

第三，中華民國政府應該更進一步以具體的作法否定臺獨、強調和平統一。由於臺灣已走向民主的政黨政治，因此各政黨有權擁有不同的政治主張與立場，政府無法在法制範圍外予以約束。但是政府卻有權運用其他的途徑，如經常性的政府聲明，以及將擬議中的「大陸事務委員會」改名為「統一促進委員會」等方式，表明反對臺獨，逐漸走向和平統一的立場。

第四，在目前的兩岸情勢下，過去的「三不」政策固然應予調整，但是兩岸之間在目前的客觀情勢下仍然不具備進行「統一性談判」的條件，可是其他事務性、功能性的談判，如兩岸法律的適用問題、投資條例的研擬工作、兩岸通航通商的相關問題，卻必須及早進行面對面的溝通與協商以利解決相關問題。事實上，唯有當雙方對彼此逐漸進行「由小而大」、「由次要而主要」的接觸後，才可能建立互信共識，也才能有眞正「善意的了解」。基於此，統一性的談判時機目前尚未成熟，過早提出此一議程，對兩岸人民也都是不利的。

第五，不管中共如何阻撓中華民國重回國際社會，我們當前的務實外交都必須持續進行。不過務實外交的重點之一，應該是「質量並重」，也就是在結交開發中國家，並以量取勝擴展盟邦數額的同時，也應加強「質的改進」，諸如加強與西歐的經貿外交，加速開拓與東歐各國的外交往來，尤其是共黨已逐漸式微的匈牙利、捷克、波蘭與南斯拉夫等國，若能建立正式外交關係，則不但有積極的示範效果，也將加速「蘇東波」（蘇聯東歐的改革波潮）對中國大陸的積極影響。在這一方面，外交當局已開始了具體的努力，但由於人員不足、策略應用不夠周延，因此成就尚不彰著。今後應在此一領域多做努力，才能眞正落實「務實外交」，否則仍只是「量足而質不足」、「量多而不夠踏實」。

最後，我們希望執政黨應利用各種機會與場合，向在野黨派表達絕不參與國共雙方政治協商的立場。同樣的我們也希望朝野之間能建立民主共識，肯定國家認同，不要因爲臺獨的理由而造成中共的猜忌和臺海的不安。這也是即將召開的國是會議應有的基本共識與前提。

對「三邊會談」的價值判斷

國統會研究委員召集人邱進益日昨表示，國統會幕僚小組正積極籌備在海外第三地，由海峽兩岸及海外選派代表性人士，舉辦「三邊會談」。另據報導此一「海外第三地」，地點初步已選定爲香港，而我方與會代表，係五位國統會的委員及研究委員，希望大陸方面能「派出實際負責或研究臺灣問題的人士」；而具體的聯繫工作則由香港中文大學副校長、國統會研究委員金耀基負責。至於會談的主題，則是「國家統一綱領」。

對於此一「三邊會談」，我們認爲是具劃時代意義的行動，也對臺海兩岸關係的改善，具有積極作用。但是，我們卻也必須指出下列可能發生的問題：

首先，我們必須了解，中共對於中國問題一向堅持是必須在中國的土地上談。因此雖然在一九九七以後香港卽回歸爲中國的土地，但在目前中共卻可能以「香港仍爲英國殖民地」的理由，拒絕參與。

其次，中共有可能爲顧及海外反映，而派出代表與會，但卻故意降低層級，以地位不高的人士「代打」，藉以凸顯其不對等談判的立場。

第三，中共很可能會完全不參與「國統綱領」的有關討論，而逕自將議題改爲「開放三通」，或研擬如何進行「統一性談判」或「黨對黨談判」。

第四，由於國統會已將此次會談定位爲「座談會」而非眞正的「談判」，因此「各說各話，毫無共識」的局面有可能出現。屆時恐將引發反對人士的質疑。

但是，卽使上述各種不利的情況可能出現，我們卻依然認爲「三邊會談」是值得鼓勵的一項創舉，其理由如次：

㈠不管「三邊會談」的可能結果如何，卻是我方在面對中共不斷增強的談判要求下，一項有力的回應。至少，我方已展現了務實及進取的態度，不再一味廻避問題或虛應故事。而且從我方預擬的與會人士名單看來，至少代表性及權威性是充分的，如果中共方面全無善意回應，或甚至置之不理，則過失就要由中共方面承擔了。

㈡不管會談的內容如何，我方堅持以「國統綱領」爲會談主題，就是一項有力的談判武器。卽使中共改以攻勢質詰「國統綱領」，但在策略上卻仍是採取了守勢，而非採取眞正的主動態勢。

㈢如果會談亦及於其他有關兩岸問題的話題，則有助於了解彼此的不同立場。這種溝通方式，亦可視爲「走向談判桌之前的談判」，或「統一性談判之前的談判」，對日後掌握對方的立場，實不無裨益。

㈣即使會談毫無結果，亦有助於國人進一步認清中共的本質。至少政府已採取了積極回應的態度，亦可免於類似「鴕鳥迴避」式的指責。尤其對於海外部分統派人士的指責，更可大爲廓清。相對的，如果中共方面姿態過高，或過於倨傲，反而會引起民意指責。尤其是會談地點在香港，港人對此一問題必然甚爲關注，如果中共方面過於蠻橫，更爲造成港人的嚴重反彈。

㈤如果中共方面全無善意回應，政府將有充分理由，今後在兩岸問題上，採取更爲謹愼的態度。尤其是「三不政策」及「拒絕三通」的立場，更有堅實的立足點。

基於以上的因素，我們認爲「三邊會談」是值得肯定與鼓勵的，也是對我方極爲有利的。但是由於「三邊會談」的擬議才剛剛提出，仍有一些細節問題還需處理，我們願意具體的提出，以供執事者參考。

第一，由於預定與會者當中，反對派人士只安排了一位，反對黨派很可能會採取兩種不同態度：㈠要求增加名額；或㈡要求反對派代表退出，以劃清界限。不管採取何種立場，執事當局均應預謀對策。

第二，中共方面可能會要求更換會談地點、主題及與會名單，使其更具官方性質。我方必須強調卽使是「黨對黨談判」，也不具備官方性質。如果中共方面全無與會誠意，將會斷送以後任何「會談」或「談判」的契機。此一責任需由中共方面全權負責。總之，我方的立場必須堅定不移。

第三，我方在會前應做好萬全準備，充分考慮中共專家及談判專才的意見，並做好具體的「沙盤推演」，準備多套不同方案，以為因應。

第四，中共方面可能要求會談過程不對外開放，禁止媒體採訪。不管過程如何，我方仍應在會後公佈所有內容，使朝野各界充分了解，免生疑竇。

最後，我們希望「三邊會談」工作及早進行，也希望此一會談能為海峽兩岸的良性互動，開啓新的歷史之頁。

兩韓談判對臺海關係的影響

民國七十九年九月十五日

根據最近來自香港的一項驚人報導，據說中共最高當局曾在六月間舉行會議，討論對臺政策問題。保守派元老陳雲力主立即對臺用武，鄧小平則主張再延一年，視實際情況演變再做決定。但中共高階層人士卻普遍認定，攻臺行動必定能獲致效果，並迫使臺灣人民屈服。

如果上述的報導屬實的話，未來一年臺海兩岸的互動關係，以及臺灣地區「臺獨」勢力的消長，將會直接影響到中共是否將以武力犯臺。但是，最近幾天的一些新的情況發展，卻使我們對臺海兩岸關係的演變，不必抱持過分悲觀的態度。事實上，臺灣人民與中華民國政府的選擇機會及自主抉擇的能力，仍是相當充分的。

這些新的情勢發展包括：

第一，南北韓正展開戰後第一次總理級的談判，顯示繼兩德趨向統一及國際冷戰情勢終結後，新的和解契機已經形成。雖然兩韓對談不無「意義大於實質」、「各說各話」之嫌，而且迅即結束，但仍充分具備劃時代的意義。

第二，據香港消息，中共高階層領導人同意將以優惠價格向臺灣出售原油和石油產品。其理由則是體現同胞情誼，吸引臺胞繼續至大陸投資，以及表現對「和平統一」的誠意。另外也有促使中華民國政府放棄「三不」政策的意圖。此一作法雖然係出諸統戰考慮，但也顯示臺海關係的發展，的確是有鬆緊不同的多樣選擇，卻不必然是武力對抗這麼極端的作法。

但是，如果有意避免走向臺海兩岸武力統一這一途，我們卻必須指出，今後雙方走向談判桌的步調勢必加速。而從最近幾天兩韓談判的內容看來，在談判初期雙方必然會各持己見，甚至故意拉高調門，藉以提高談判籌碼，但是我們卻不能忽略，即使談判不成，武力對峙的緊張局面仍將因而紓緩，因此對於總體局勢的和平發展，仍是有利的。同時，藉助於面對面的談判溝通，雙方「不按理出牌」，甚至突然間以武力對峙的可能性，也將大爲降低。因此，兩韓談判對臺海關係的影響，應該是積極而富建設性的。

不過兩韓談判的方式，卻可能與臺海兩岸間的互動模式相當不同。從最近政府對總統府國家統一委員會、行政院大陸事務委員會及兩岸中介機構這三者的安排設計看來，兩岸談判可能是以下列方式進行：

㈠初期是以半官方或民間性質的兩岸中介機構爲核心，進行事務性、功能性的低階層會談，藉以解決兩岸互動所發生的商務、民事及法律等問題。因此，如同兩韓間突破性的總理級會談，在短期間將不易成爲事實。

㈡經過一段時間的兩岸溝通後，中華民國當局將會依據情勢發展，考量是否應該提高談判層次，而國內朝野的不同政見，也會影響到談判的層次及內容。此時政府將會對「三不」政策，進行全盤檢討，甚至可能進行統一性質的談判。

㈢如果中共領導人急於解決統一問題，或欲對臺獨勢力施加壓力，則可能會以武力干預為手段，迫使中華民國政府提前進行統一問題的高階層談判。在此一情勢下，政府因談判而失利的機會最大，也最不易從容不迫的做好談判準備。此一情勢也是過去政府堅持「三不」政策的主要理由。而此一情勢的出現時機，最可能是在臺灣內部發生嚴重經濟問題或治安事件之際，同時也可能是選舉方酣之時。一年半之後，如果資深民代果眞全數退職，並進行全面改選，則中共利用此一時機介入影響的可能性亦大，值得吾人警惕。

㈣如果今後修憲方式是走向總統民選，並在總統大選時出現兩極對峙，在統一與臺獨問題上出現了截然對立的局面，中共當局將可能會公開表態，脅迫臺灣人民不得選出要求獨立的候選人，則此時兩岸談判將以某種轉型方式出現。亦即接受或不接受中共所提出的條件。如果接受，則如同選出傀儡政府，如果不接受，則兩岸關係將立即趨於緊張，並有可能被迫走向談判桌。

從以上的分析看來，除非極端的「右派」或強烈的「獨派」當政，否則今後臺海兩岸間的談判將不可避免。但是「三不」政策何時應做調整，卻有相當多的不同選擇機會，而談判策略的規劃及談判人才的培育，在目前仍有相當充裕的時機可資運用，因此，在未來一兩年內，政府當局應該儘速的做好各項準備工作，並針對兩韓談判經驗及兩德統一過程，進行深入細緻的分析，最好能進一步做出不同策略的沙盤推演練習。如果這些準備工作做得好的話，中華民國政府應可擺脫一九四〇年代談判的慘痛經驗，並在臺海關係的發展上，掌握更多的勝券及契機。否則的話，情勢就不容樂觀了。

兩岸關係的民意新動向

民國七十九年十月十七日

新成立的財團法人「兩岸發展研究基金會」，十四日發表一份由美國蓋洛甫市場調查公司負責的民意調查報告。這份報告顯示，臺灣民衆中有相當多的人對臺海未來關係的發展，感到茫然。其中若以五年後的情況做判斷，在受訪者中有百分之四十一，不知臺海關係將如何走向（但有百分之三十一左右則認爲會保持現狀）。若以十年後的情況論斷，則有百分之五十八點七的民衆無法判斷（而認爲會保持現狀者則降至只佔百分之九點三）。這份報告，無疑已向政府提示了一項重大的警訊：更明確的大陸政策實在已是刻不容緩了！

這種對前途的茫然之感，也反映在其他的問題上，對於政府當前的大陸政策，有三成的受訪者認爲有利於兩岸統一；認爲有助於維持現狀者則佔百分之三十五；認爲會走向臺灣獨立者則只佔百分之二點九。但是同時認爲大陸政策不明確者則有百分之五點五，另外還有百分之廿二點二的民衆則認爲「很難說」。換言之，有四分之一的民衆仍不知所以。但是，當問到民衆對「國家統一委員會」的看法時，卻有超過百分之五十的受訪者認爲對兩岸統一有幫助，而認爲無幫助者卻只有百分之十六。而且儘管民進黨中央強烈反對「國統會」的成立，但是在支持民進黨的受訪者之中，則仍有百分之四十四認爲它的成立實有助於統一，至於認爲無幫助者只有百分之三十三。這顯示大多數民衆，甚至包括支持民進黨的人士，對國統會的成立實抱持肯定的態度。但是值得注意的是，這並不一定是對國統會本身運作功能的肯定（因爲此一委員會尚無眞正的運作成績足以顯示出來），相對的，這很可能是因爲國統會的成立本身，有助於澄清當前茫然不清的狀態。就此點而論，民進黨本身對國統會所做的挑戰，並不一定能得到多數民衆的支持，甚至不能得到支持民進黨的多數選民的認同。因此，此一民意動向，對民進黨而言，亦可視爲一項警訊。

在統獨問題上，支持臺灣獨立的民衆約佔百分之十六，與近來幾次民意測驗相符，而不贊成獨立者則高達百分之六十二。進一步，認爲如果臺灣走向獨立，則可能招致中共武力犯臺者，則共計佔百分之四十九點四，比重實在不低。在此一問題上，兩黨間的差距頗大，支持國民黨的民衆有百分之六十四點八持肯定態度。支持民進黨者則僅有百分之三十三認爲中共會武力犯臺，另有百分之三十九左右則認爲不會。這顯示在臺獨問題上，兩黨支持者的主觀認知仍然差距頗大。但儘管支持民進黨羣衆中支持臺獨者頗多，但他們之中的多數，仍然不認爲在中共武力犯臺時，聯合國會支援我國（共計百分之三十三，相對於持肯定態度的百分之廿五）。換言之，儘管民進黨領導中有許多人認爲臺獨可以使我國重返聯合國，但在民進黨的支持者當中，多數人仍然不認爲聯合國在臺海眞正發生急難時，會伸張正義，助我一臂之力，從此點看來，民進黨的菁英領導階層，與支持它的一般民衆之間，可能存在著相當的認知差距。

此一認知差距，也存在於對大陸的主權問題的認定上。贊成放棄對大陸主權的受訪者，只佔全部的百分之九點七。反對者卻高達百分之六十有餘。而在支持民進黨者之中，贊成放棄者雖有百分之三十三，但仍是反對者居多，達百分之三十六左右。換言之，民進黨此次大會所通過的「事實主權」決議，並不一定能得到該黨多數支持者的認同。至於一般民衆，更是絕大多數反對。雖然此次民意調查並未就受訪者政黨取向的具體原因加以分析，但很顯然的，如果民進黨想以「事實主權說」或「臺獨」、「重返聯合國」等激進政綱博取更多選民的認同，恐怕將是緣木求魚。這顯示民進黨一直想在國家認同問題上開拓生存空間的作法，或許正是該黨部分人心爲之憂心忡忡的「發展危機」。從政黨政治的健全發展與制衡體制完善化的角度看來，民進黨的臺獨走向，對該黨眞正的成長，以及臺灣民主化的發展前景，實在都是不利與不幸的。民進黨如果因爲派系鬪爭激化或公共政策人才缺乏而繼續走向此一死胡同，那就眞是該黨未來發展上的危機了。

此次調查也顯示出，知識程度高的受訪者所持的態度，與民進黨中央的統獨策略距離甚遠。這是否意味著，經過了三年的在野政黨勢力的發展，人們已不再以道德化的眼光支持反對運動者，相反的，他們也開始要求反對黨派拿出眞正的政策成績來，並接受選民的考驗。如果民進黨的作法一直不改的話，很可能將造成知識程度較高的選民日益疏離、漸行漸遠。果如是，則民進黨的發展日益困頓，就誠屬臺灣民主成長的不幸了。

但是，民進黨本身的失策，卻不意味政府與執政黨就相對的得到了更多民衆的支持。除了對「國統會」的成立持肯定態度這一項之外，大多數的受訪者認爲在亞運問題上，眞正造成無法爭取亞運主辦權的原因（除了中共不支持外），分別是：臺灣無適當的場地、體育實力不夠、我方代表不團結，以及臺灣不准共黨黨員入境比賽。這顯示民衆已無法再接受政府一貫的說詞——中共的統戰野心才是眞正的原因。同樣的，在有關臺海兩岸進一步交流的阻礙因素上，除了中共缺乏善意回應這一點而外，民衆認可的其他重要理由則係：雙方領導人缺乏互信、政府大陸政策缺乏整體規劃、政府政策太保守以及政府傾向保持現狀。

正因爲政府的大陸政策太保守、缺乏整體規劃，再加上臺灣本身內政上的問題和朝野的嚴重對立，所以導致民衆對國家前途產生茫然之感。基於此，我們就不難了解爲何竟然會有近百分之五十的受訪者支持國共雙方進行黨對黨的談判。甚至連支持民進黨的民衆中也有百分之四十七贊成此舉（支持國民黨者則爲百分之五十五）。另外，有更多的民衆（百分之五十六點七）贊成進行政府對政府談判（民進黨支持者更有百分之五十八贊成）。這顯示了普遍存在於從政者胸中的「黨對黨」、「政府對政府」等「正名」的心結，在一般民衆身上，卻根本不是大問題。他們只期望執政者少說多做或做了再說。只要是有助於臺灣人民的安全與福祉，有助於澄淸臺海兩岸未來的關係，那管是黨對黨或政府對政府，只要求有實效，就是好政策！這或許是這一項最新的民意動向對朝野雙方的最大啓示吧。

過去曾有政府官員解釋過：「沒有政策也是一種政策，模糊的政策也不是沒有政策」。但是，現在看來，這樣的說詞終究是不被多數民衆認同的。我們希望政府能夠掌握住民意的動向，整體性的重新檢討臺海關係與大陸政策，使徬徨的民意知所終，知所向。我們也期待在野的民進黨能體察該黨領導菁英與支持選民之間的認知差距，使民進黨不再自陷於統獨情結的泥淖，並在具體的民生問題和公共政策問題上鞭策政府，發揮制衡功能，使政黨政治走上正軌！

山姆叔叔出兵保臺

民國七十九年十月十九日

前任美國在臺協會理事主席丁大衛，十六日在紐約哥倫比亞大學東亞所的一項研討會中指出，如果中共武力侵臺，美國的反映將視當時的實際情況而定，亦即視當時的民意、美蘇關係及美國的經濟狀況而決定。但是他也相當確定的指出，如果中共侵臺是因臺灣宣布獨立而起，則美國和其他大國都不會放棄與大陸的關係而承認臺灣獨立。不僅如此，由於臺獨導致臺海緊張，影響此一地區的安定，因此美國及其他國家會認爲臺灣本身正是肇事者，對援助臺灣的態度，可想而知。

臺灣人民的意願，必須得到大陸政權的接受

美國前駐聯合國副代表，中國專家費浩偉也在此次會議中指出，中共若在臺灣毫無挑釁下侵臺，固然爲美國所反對，但是臺灣若藉「公民投票」等方式，企圖造成「臺獨」事實，也同樣受

到美國反對。他並表示，臺灣前途必然要尊重臺灣人民意願，但此一意願，必須得到大陸政權的接受，才有實現的可能。

談到上述的消息，許多人恐怕會感覺相當「鬱悶」，尤其是強烈主張「臺灣獨立」者（指主張更改國號、更換國歌、宣布獨立者），或許會認爲這兩位美國的退休外交官員並不能代表美國政府，更不符合美國外交的「正義」的原則。某些人甚至可能認爲，有鑒於美國軍援沙烏地阿拉伯，並要求伊拉克自科威特撤軍，由此可見美國對臺海戰端應會「援例辦理」，因此更可知中共必無「攻臺野心」。

民意測驗的結果

但是，我們必須指出，上述兩位美國外交官員都曾是美國對華政策的主要參與者及執行者，他們的地位與影響，絕不低於少數支持「臺獨」的美籍人士。至於中共以武力犯臺，究竟會不會引起美國出兵干預，我們且看最近民意調查的結果。

根據「兩岸發展研究基金會」在本月十四日公佈的民意測驗，顯示在受訪者當中，有四分之一（二五・九％）認爲美國會出兵干預，三分之一強（三六・三％）則認爲不會，另外也有更高比例（三六・七％）的民衆則表示「不知道」。在上項調查的受訪者中，支持民進黨的受訪者態度較為特殊，其中四四·四%認為中共攻臺，將會引致美方出兵干預，另外有二七·八%則認為美國不會干預，另外也有二七·八%的受訪者表示「不知道」。

主張臺獨的國際利益在那裏

如果上項問題的「美國」，改為「聯合國」，則認為聯合國會出兵干預的比例更低，支持民進黨的受訪者中，僅有二五%認為「會」，另外有三三·三%則認為「不會」，另外有四一·七%則是「不知道」。在所有受訪者中，此一比例更為懸殊，認為「會」的只有一六·五%，「不會」的四三·一%，「不知道」的則為三九·六%。

由此看來，多數的民衆不是表示不知，就是傾向於否定的態度。在這樣的處境下，我們不知道正式宣布或主張臺獨的國際性利益到底在那裏？因為，卽使是排除萬難，因臺獨而重返聯合國，但它的先決條件卻是：不致招致中共的武力犯臺。而中共武力犯臺是否會導致美國或聯合國的出兵干預，現在看來，可能性又是極低的。

基於此，正式主張臺灣獨立，除了滿足情緒上的一時快慰外，其他時間，恐怕又要陷入深沉的鬱悶了。

從李顯斌案看兩岸關係的新發展

民國八十一年一月六日

最近幾天，臺海兩岸的關係因爲李顯斌案而出現新的變數，也使兩岸間的司法問題，重受國人的矚目。

就在李顯斌案發生的同時，國人也普遍注意到政府開放大陸配偶限額來臺定居的新規定，以及申請者連夜排隊等候的感人消息。日昨海峽交流基金會也宣布了一項新措施，計畫在三月間邀請十餘位大陸代表性媒體記者來臺，由國內媒體出面邀請，海基會負擔所有費用。這些媒體對象包括新華社、中新社、人民日報、光明日報、北京日報、中央電視臺、中央人民廣播電臺等，另外還包括大陸「記協」人員，足可見範圍與層次均已兼顧，也可視爲兩岸新聞界交流的新里程碑。

如果我們將上述的訊息和最近李總統接受「美國之音」訪問，所透露的務實的大陸政策相對照，當可明瞭目前兩岸關係的新趨勢實具有下列特徵：

㈠兩岸關係已日趨和緩，務實取向也日益明顯。在大陸方面，隨著「海協會」的成立，以及中共領導階層逐漸了解未來十年將是經濟交流與兩岸互動加速的年代，而非統一實現的年代，的確已凸顯了良性互動的大趨勢。而在臺灣方面，由於國民黨在國代選舉中獲得大勝，降低了「臺獨」聲勢，不但化解了兩岸間的可能危機，而且由於政治領導人的努力，也使大陸政策日趨務實，不再空言唱高調，而且也逐漸照顧到兩岸人民的現實利害。雖然目前仍有一些障礙存在，但開放的趨勢卻是無法逆轉的。

㈡在和緩與務實的大趨向中，仍有許多障礙及瓶頸還待突破。李顯斌案的發生，就顯示過去中共一再聲稱「相逢一笑泯恩仇」式的統戰政策，在某些特定問題上實有其嚴重局限。如果此案眞的交付司法審理，不但將對臺海兩岸關係帶來嚴重的負面影響，也將使兩岸處理歷史性敵意的「遺產」問題，平添陰影。由於李顯斌案絕非單純的司法案件，如何處理勢將由中共高層領導人「拍板」決定，因此此案的發展將具有風向標的作用，也可使吾人更清楚的了解兩岸關係中的滯障，到底需要多久，以及經由多大的努力，才能眞正清除。

㈢兩岸關係的發展，實受國內政治動向影響至鉅。由於中共目前全心致力於經濟改革及農村發展，亟需臺資及海外資源，因此必然會採取較爲現實的對臺政策。但是另一方面，中共在統一問題上至少還維持口頭上的強硬姿態，對「臺獨」的恫嚇也持續不歇。可是在臺灣地區大選之後，臺獨勢力受挫，中共已無必要，也無口實再激化兩岸敵意，因此儘管目前兩岸關係中的滯礙仍多，但大方向上的和緩趨勢，除非大陸內部情勢逆轉，不然應可持續。在臺灣方面，雖然「大陸熱」已逐漸降溫，但爲了長遠的經濟利益及文化互動的考量，政府仍必須在緩進、守成的基礎上處理大陸政策。「兩岸人民條例」的制訂，將成爲下一階段的重要任務，才能使兩岸關係，走上理性及法制化的境地。

根據以上的分析，我們認爲目前大陸委員會及海峽交流基金會的審愼作法，基本上都是值得肯定的。但是由於臺海關係受到影響的因素諸多，因此陸委會及海基會今後必須要有更豐富的資訊網路，掌握更多的訊息，同時參酌更多的專家意見，才能使大陸政策更具彈性，同時在事權上更爲統一。舉例來說，李顯斌赴大陸一行之事，如果陸委會事前了解，或事前通案告知所有大陸投奔來臺人士（卽過去的「反共義士」），則此案卽可能不會發生，也不會造成不易解決的困境。另外，預定三月間來臺的大陸新聞工作者的背景，陸委會及海基會也應充分了解，以免人到了臺灣卻又發生不愉快的情事。這些工作均可在事前預作安排妥愼處理，但卻需要十分充分及完善的資訊網路，才能掌握全局。這均是政府有關當局應特別注意之事，唯有事前的充分防杜，才能杜絕李顯斌案一類的情事出現，造成執事者的困擾，也使兩岸關係，不致出現逆轉的情勢。

加入關貿總協的新契機

——兼論開拓國際空間的應有作法

民國八十年七月二十二日

美國總統布希，日前在一封給參議員包可士的信中保證，美國將會堅定的支持臺灣依關稅暨貿易總協定會員國所能接受的條件，加入該組織。

布希總統並且指出，臺灣加入關貿總協一事，與美國對中共的最惠國待遇沒有直接關係。但由於「臺灣是一個主要貿易經濟力量，參與關貿總協後，對全球貿易體系將有重要貢獻。美國在關貿總協各成員可接受的條件下，堅決支持臺灣加入。美國將與其他合約成員積極協調，以最有利的方式解決有關臺灣加入關貿總協的問題。」但是布希也表示，此舉卻不意味美國將改變對中共的既定立場，亦即「中國只有一個，而臺灣是中國的一部分」，因為美國所支持的，是臺灣以「關稅領域」的身分加入關貿總協。至於中共加入關貿總協的方式，布希則表示將「設法要求中共改革貿易，俾使中共加入關貿總協的申請有所進展」。這意味著美國很可能將會分別處理臺灣與中共的入會案，而不一定接受大陸方面「中共先入會，臺灣後入會」的條件。

布希總統的聲明，無疑已爲懸宕經年的關貿總協入會問題，開拓了一個新階段。這也顯示美國政府對華政策上已有新的突破，並且擺脫了中共的影響，而以更爲務實的態度面對中華民國的國際人格問題。如果我們將此一訊息和最近美國外交官員李潔明、白樂崎等人的談話相對照，更可看出這樣的樂觀趨勢。此一趨勢雖然並不一定會造成美國整體對華政策的立即調整，但卻充分顯示中華民國的對外運作空間，的確是日漸寬闊的。

不過，我們卻也必須指出，在對外空間的拓展上，我們的作法必須是十分謹慎，而且要充分考量到策略運用原則。

首先，我們應先選擇不以國家爲單位的國際組織，做爲申請加入的對象。除了關貿總協外，應係地區性的開發銀行。亦即藉助我國優厚的經貿實力，做爲加入國際經濟社會的後盾。同時亦可避免與中共在「國際人格」上的爭議。

其次，我們應體認到美國的中國政策在重要原則上（亦即「中國只有一個，臺灣是中國的一部分」），並無根本改變，因此我們不必急於立即申請加入聯合國，相對的，如果我們能在各個國際經貿組織及民間團體中建立廣泛的友誼，並形成密切的經貿牽絡，反而更能逐漸擴張外交運用的空間。

第三，中共近年來的人權紀錄極受西方民主國家所指責，而且至今仍無改善跡象。如果我外交當局能在歐美各國廣事宣傳，並對映出我國的民主改革成果，將可扭轉歐美各國過去對中華民國的刻板印象。並建立更密切的非官方——甚至是準官方關係。尤其是近來一些西歐國家，如英國，對我經濟發展實況甚感興趣，如何善用我方的有利條件，實係外交及經貿當局應努力的標的。

第四，我國應繼續尋求第三世界國家對我之支持。誠如經濟部長蕭萬長所指出的，在美國明確支持我加入關貿總協之餘，我國宜加強連繫第三世界開發中國家。而最近與中非建交，就是一項值得鼓勵的行動。由於第三世界多屬貧窮國家，我國對其予以實質的援助，更有助於改善中華民國的國際形象，亦是一舉數得的作法。

第五，我方應以更多的人道措施，支援大陸同胞，增進臺海兩岸的實質交往。以此次大陸地區水災爲例，我方的人道救災行動，很快的就已爲大陸同胞所了解，間接的也有助於改善臺胞的形象。今後如果能開展更多的互利性措施，體現兩岸人民「血濃於水」的民族情感，將可獲得大陸民心的更大奧援，進一步，也可能會軟化中共當局的僵硬立場。

第六，在歐洲共市走向一體化之際，我政府應進一步在西歐及東歐增設外貿及外交據點，及早建立廣泛的民間交往網絡。我們相信，當中歐兩地的經貿成長到相當的比例後，歐洲各國政府均會因實際利害的考量，改善對我之官方關係，而不可能僅以地緣政治的理由，單向的維持與中共的關係。這也是當前外交當局最應努力的政策要項。

總之，我們認為布希總統的政策聲明，已經為中華民國的對外運作，開展了新的空間及機會。但其他的後續工作，就要看我們自己的努力和運作了。

三、大陸政策的再反省

大陸政策的守成與開創

民國七十七年九月三十日

最近的一段時間裏，由於「胡秋原事件」的衝擊，政府的大陸政策究竟何去何從？已成爲民間與輿論界注目的焦點。政府與執政黨所面臨的最大難題在於：如何在堅持人道的立場上，儘量擴大大陸政策的開放尺度；同時，又能在兼顧國家安全的前提下，堅守政府「三不」政策的既定立場，並杜絕中共的統戰陰謀。

中共統戰策略難見效

但是，在制訂全盤性的大陸政策之先，我們必須了解，中共的統戰策略仍有其局限性。至少，在國號、主權等問題上，到目前為止，中共的基本立場一向極爲強硬，從不因統戰的理由而稍軟化其既定的立場。至於其他「一切坐下來好談」之類的說法，則不論是透過怎樣的管道放出訊息，都算不得是任何實質保證，自然也就無統戰效果可言了。因此，在最重要的國策立場問題上，目前的中共統戰政策是不產生作用的。只要我們堅持自己的憲法、國號、主權與國家體制，中共的統戰不會發揮任何效果。

但在其他許多低層次的政策方面，如兩岸通商、探親、旅遊等，統戰政策卻可能大擅勝場，中共必然會提出種種的優惠，吸引臺灣同胞的興趣，並利用民族與親情的特殊條件，以拉攏雙方彼此的關係。從政府的角度看來，這也就是軟化了我方對大陸的敵意。在最壞的情況下，甚至可能造成政府所憂心的，一種敵我不分、善惡不明的狀況，使我們國民的精神武裝全面瓦解。

立即的統一並不可行

但是，從海峽兩岸對比的角度看來，上述的憂慮並不合乎實際。無論從政治民主、經濟自由與民生富足的角度看來，臺灣的成就都遠勝過大陸。因此，臺灣同胞訪問大陸的結果，是絕大部分人士更深一層的了解兩個社會的嚴重差距，並了解立即的統一乃是不可行也不必要的。至於極少部分主張立即統一的人士，則基於對實情的了解，也使他們認識到他們的政治主張所面臨的現實困難。

至於從經濟利害角度出發，準備在海峽兩岸做貿易的人，則在利益盤算之後，自然會有所選擇。但很顯然的，以海峽兩岸的鉅幅物價對比做考量，並不是每一個行業的生意人都有利可圖的。譬如，最近臺北的唱片業者就發現大陸的市場雖然大，但由於唱片與錄音帶的市場價格太低，利潤過薄，因此只有放棄在大陸開拓市場的想法。同樣的，出版業、服務業等，除非完全使用大陸的人力與物力，否則想以臺灣產品的高成本在大陸開闢市場，實在困難太多。當然，畢竟還是有許多廠商已經在大陸成功的發展了他們的事業，但由於大陸方面的政策往往變動不居，如果因爲大陸方面態度的改變而面臨金錢與財物的損失，則風險自然應由自己擔負。政府則不妨表明不鼓勵、不干預的立場，但應建議臺灣廠商儘量尋求第三者（中間商或國際保險集團）的擔保，以免日後平白受到損失（百吉發機車事件可爲殷鑑）。

關於探親政策方面，政府則應明訂中低階層的政府官員（不涉及國家機密者）、公立學校教師等，具備探親資格，但是任何國民，包括平民、政府官員或民意代表，均不得與中共領導人或高階層官員會晤，使探親的活動，僅限於非政治的範圍。違反此一規定者，則應視情節輕重，就個案分別依法處分。

同胞來臺宜個案考慮

另外，在大陸人士來臺這一問題上，國家安全與人口壓力的雙重因素都必須愼重考慮。如果係純粹的探親，則不妨鼓勵國人赴大陸爲之，或至第三國會晤。如果大陸親戚來臺訪問，除了依政府現行規定辦理外，並應限定居留期間（三個月或半年）。類似的規定亦應明訂爲其他大陸來訪者的奉行標準（包括日後可能來訪的大陸學者與留學生等）。另外，大陸人士如申請來臺參加比賽與學術會議，只要人數不太多，則不妨以個案考慮爲原則，准許其參加。但所有大陸來訪者均應由非官方機構或私人單位負責接待，而且一切交通與住宿費用均不應由政府負擔。

文化政策不能全開放

在兩岸文化交流的層面上，最近中共方面曾正式表示，將逐漸的允許臺灣的出版品及報刊雜誌到大陸發行，政府方面對此一開放措施不應抱持抵拒的態度，並應鼓勵民間積極從事。至於大陸方面若有對等的要求，則不妨也因應情勢，視對方出版品的具體內容採取對策，並讓民間的市場決定它的生存與否。事實上，就以大陸的《人民日報》爲例，它在臺灣的讀者市場一定是小得可憐的。當然，由於海峽兩岸的長期對峙局面來看，政府對大陸的文化政策不宜一開始就全面開放，代表中共意識型態立場的出版品與報刊也不宜馬上就進入臺灣的市場。這不但是基於對內的安全考慮，同時，也是避免在國際上形成雙方敵意已消，即將和談的錯誤假象，使得國際與僑界支持臺灣自由民主的力量，反而解消。

不談判立場必須堅守

總之，政府堅持不談判的立場必須維持，這樣的守成原則是必須堅守的。但除此之外，政府應在「三不」政策的基礎上，公開要求中共當局，在國際社會與國際組織中，就我國會籍、國號、名稱等問題，表現出誠心與善意。政府則相應的就堅持「臺灣是中國的一部分」、「中國最後終將統一」、「絕不主張臺灣獨立」的立場，重做保證，以杜絕中共的疑慮。如果經此宣布，中共仍然堅持中華民國國號必須改，臺灣必須成爲中共政權下的地方「行政區」，以及國際組織中只有一個中國代表權等立場，則國際社會必對中共的苛求感覺不滿，而國內某些對中共抱一廂情願想法的人士，也會有所警惕。

最後，政府應加速釐訂全盤性的大陸政策，其中犖犖大者包括探親範圍規定，海峽兩岸的文化交流等，另外一些技術性的細節規定，如「轉口貿易」如何界定？何謂「第三國」？「第三者」?等，也均應有詳細的規定。這才能使目前日趨混淆的大陸政策，重新釐清它的內涵與方向，也使國民有所遵循。

跳出舊有的「反共格律」

民國七十七年八月八日

最近，中國國民黨在臺北召開了十三全大會，會中有關大陸政策的方案，妥協色彩濃厚而開創性建樹少，已引起了輿論界的批評。但在隨後召開的中央評議委員會議中，由陳立夫先生領銜所提的實業計畫建設大陸案中，卻突破了過去政策的條條框框，直探問題的核心。尤其其中所提以中國文化爲兩岸政權依歸，並建議政府以美金五十億至一百億元經援大陸等提議，更令人振奮。

好評與接納之間

就在立夫先生提案的同時，由普林斯頓大學李少民先生主編的《大陸知識份子論政治、社會、經濟》這本文集在臺北出版了，網羅了十五位海外最傑出的大陸青年學者的論文與感言。七月三十日，文集中作者之一的于大海先生，更在《聯合報》刊出專文〈是認同三民主義統一中國的時候了！〉這一連串的專文與提議，都清楚的告訴我們：大陸的民心與局勢已在重大轉變的關頭，是臺北當局改變大陸政策的時候了！

但是，從紅色天堂夢的全盤破產，到接納三民主義與臺灣經驗之間，卻仍有相當長的一段距離。今年春天，我在美國曾多次的與上述的大陸學者們懇談，來自臺北的許多知名學者也加入了其中某幾次的討論。在這幾次對話中，最讓來自臺北的學者驚異的，是三民主義與國民黨的形象，在大陸學者間竟然是這樣的成功與積極。雖然，所有在海外的大陸學者都了解到臺灣黨外運動的發展事實，及其對國民黨構成的嚴重挑戰，而許多人對黨外的嚴苛抨擊也已耳熟能詳。但是他們對國民黨正面評價的理由之一，卻也正基於此。他們認爲，在中國，只有國民黨能容許反對力量出現，黨外罵得越兇，正顯示國民黨的民主氣度越大。相對的，在中國大陸，不但有組織的反對活動不可能出現，而且只要類似的異議之聲一旦呈現，就會面臨極權統治機器的鎮壓了。不過，在對國民黨的普遍好評之外，許多大陸學者對於臺灣經驗與三民主義政策應用於大陸的可行性，卻持著比較保留的態度。因此，他們雖然稱許臺灣經驗，並高度評估國民黨的經濟政策，其中許多人更公開聲言「我以臺灣爲榮」，但在海峽兩岸與中國統一等問題上，他們卻又懷著深重的隱憂。無論是臺灣反對勢力的臺獨主張、國民黨內保守勢力堅持的恐共心態，乃至大陸當局心懷鬼胎的統戰政策，都使他們了解，在樂觀的期待之外，仍是困境重重，窒礙難行的。但是，此中的主要解鈴人，卻在臺北當局本身。由於在大陸的失敗與敵對鬪爭的慘痛教訓，國民黨當局至今仍無法擺脫恐共、懼共的心態。

當前的蘇聯與中共，雖然仍堅持著列寧主義的一黨統治，但由於它必須改善人民生計以維持政權合法性的關係，乃不得不放寬對民間的管制，鼓勵有限的私有財產與經濟改革。但其結果卻是，人民之中的一部分人先富起來了，階級意識又重新擡頭；通貨膨脹也日趨嚴重；人民內部不滿情緒繼之高漲，最後則進而要求政治改革，根本性的改變極權主義的結構。

改革的內部矛盾

過去十年來的中國大陸，就是上述情境的寫照。表面看來，人民日趨溫飽，基本生計多已不成問題，但同時民間對於中共政權的不滿，卻是與日俱增。最近幾個月來，由於通貨膨脹與城市經改問題日趨嚴重，對改革不滿的情緒日益高漲，以趙紫陽爲首的改革派領袖已面臨了高層內部的嚴重爭執。他的「沿海國際經濟大循環」計畫是否能有效推行，也在未定之天。處在這樣的經濟環境下，政治與文化上均無出路的大陸老百姓的深重不滿，也就可想而知了。

今年初春，在紐約的一次私下晤談中，一位河南省的副省長告訴我，「反對改革的人是普遍存在民間各處的」。這簡簡短短的一句話使我警覺到：所謂的保守派與改革派鬥爭，並不只是高層的內部矛盾，也不只是派系間的利益衝突，而且更是存在於老百姓間的普遍問題。所有因爲改革政策所導致的物價飛漲而受害的人，都對改革感到不滿。但是更嚴重的則是，由於對中共政績持續性的失去信心，大陸民間對政權的冷漠與失望已到了前所未有的關頭。許多歷經艱辛的大陸知識份子不由得的感嘆道：「一九四九年的紅色革命乃是一項歷史的錯誤，如果讓國民黨繼續統治，今天中國絕不致於此。」在這樣的背景下，我們就不難了解爲何臺灣反對運動所苛責的對象，卻是海峽另一邊億萬人民所稱頌的「故主」了。

如果今天國民黨的領導人能夠眞實的了解大陸的民心動向，不再以舊日的「反共格律」來處理大陸問題，國民黨重歸大陸的契機將是指日可待的。只是，這樣的重歸將不會是過去所強調的「反攻大陸」，更不可能是以昔日王師凱歸的心情，君臨舊日的故土。相反的，國民黨必須拿出他的建設與容忍的專長，一方面，帶著傑出的商人和農耕、經建專家，以及經援的設備，回到大陸。另一方面，則以臺灣經驗中容忍反對力量的民主業績，向中共政權進行挑戰。國民黨應有充分的信心向中共政權提出各種條件，要求在和解溝通與合作的基礎上，共赴建設，共享政權。最後則讓民意投票來決定執政的權利與機會。

當然，這些條件的提出，不是這篇短文所能負擔的，甚至也不是幾百個、幾千個決策官員與民意代表所能決定的，它必須經由臺灣地區全民的公開討論與研擬，最後以全民投票的形式訴諸公決。但是，至少在現階段，下列的幾個方案應可列入積極的考慮：

幾項前瞻性建議

一、海峽兩岸互相交換本地報紙在對方地區發行。

二、允許雙方推派代表參加在對方地區舉辦的非政治性會議與活動（包括體育、藝術、科技與文化性活動）。

三、允許講學之自由，並交換學者至對方地區做研究。

四、在中共公開宣稱杜絕武裝攻臺的前提下，臺灣地區願爲中國整體之現代化與中國人民之長遠福祉，提供必要之經費、人才與器材、資源，進行各項實業建設。

五、相對的，中共應允許臺灣以政治實體之地位與稱號，參與各種國際組織與國際會議。

上列五項，只是諸多可行建議中的一部分，但若眞要付諸實施，在當前的決策結構下，恐怕仍多困難。在此處應特別強調的是，國民黨若要讓「三民主義統一中國」成爲事實，則唯有從親身實踐三民主義上著手。三民主義所肯定的民族獨立、民權平等與民生均富等原則，實具備充分的吸引條件，成爲海峽兩岸共同遵循與追求的目標。但如果要使大陸人民對此一標的心悅誠服，卻必須從臺灣地區的實踐著手。

立基於臺灣經驗

或許有人會質疑，「三民主義統一中國」本身的政策設計，就僅止於口號層次，它的推動者本來就不準備讓它成爲一項事實。但是，從于大海先生的文中，以及從許多其他大陸人士的口中，我們都了解許許多多對紅色天堂夢絕望的人們，並不做此想，他們認爲，國民黨存在的本身，就構成對中共政權的一項挑戰，而且它賦與大陸同胞進步與革新的契機。如果國民黨僅僅想以一個偏安政權苟安於臺灣，它一定逃脫不了獨立與分離的命運，而且也終究無法免於地方反對勢力的嚴峻挑戰。相反的，如果它能堅實的立基於成功的臺灣經驗，向中共提出全盤的、積極的大陸政策，它卻將成爲大陸內部改革運動與民主運動的希望之所寄。同時，國民黨也能在此一與中共平行的立足點上，重受國際社會的肯定與注目。此一得與彼一失之間的對映，是人人可見的。

既然是人人可見的得失之辨，大陸政策的進取與保守分際，就看一念之間的政治智慧了。

重新檢討大陸政策的步調與方向

最近幾天裏，臺海兩岸間的關係上，出現了一連串事件，也增添了一些新的變數。在中國大陸方面，中共當局顯然對中華民國政府發展彈性外交的努力，抱持高度的戒心，並開始增加對我的直接與間接壓力。在臺灣方面，中華經濟研究院準備組團赴大陸考察的消息曝光，使得學界人士是否適宜往訪大陸，再度引起朝野重視。另一方面，空軍中校林賢順駕機飛抵大陸，究竟係「迷航」或「叛逃」，仍未明朗，但由中共方面的謹慎態度看來，顯然希望淡化此一事件，以免爲海峽兩岸間的關係，增添新的敵意與對抗因素。

在上述的各項因素與背景下，我們必須指出，在當前臺海兩岸互動關係中，已出現了幾項不合理的現象，值得儘早謀求因解之途。這些現象包括：

㈠由於政府當局對公教人員訪問大陸採取禁制態度，而且堅持規定只以「探親」名義實施開放政策，因此到目前爲止，往訪大陸人士仍是老兵、退休人士和不顧法令私下暗訪者。雖然私下暗訪者目前已不會受到囹圄之災，但仍有可能受到「禁足」兩年不得出國的處分，而且若係公務人員，也有可能面臨行政處分。據報導，此次飛往大陸的林賢順中校，即曾在私下對軍人不得赴大陸表示不滿。如果大陸政策再不調整，即使再強調心防工作，也難保類似事件不再發生。而公務人員「違規」事件，也將層出不窮。

㈡相對於往訪大陸的禁制性規定，政府卻有意將大陸訪臺人士限定在少數臺籍老兵或臺籍陷大陸人士，以及某些大陸傑出人士。換言之，臺灣人民赴大陸者（經合法途徑者）多係老兵與退休人士，而大陸人民來臺者，除臺籍者外，卻率多傑出之士。這種不平衡的交流關係，對臺灣而言並不有利。因爲，在當前的大陸政策下，臺灣的傑出人士，多受有形無形的限制而無法赴大陸訪問，自然也使得大陸同胞失去了認識臺灣傑出人士的機會，進一步的，也就無法更清楚的了解到臺灣眞正的發展成就了。無怪乎，大陸同胞除了感覺到「臺灣人有錢」、「經濟發展不錯」外，並不能深入的肯定臺灣過去四十年發展的制度優越性。相反的，臺灣同胞在看到傑出的大陸人士來訪之餘，卻容易產生一種片面的印象：大陸的經濟和政治雖然一團糟，但傑出人士卻不少。對臺灣而言，這種缺乏進取精神、自縛手腳，又缺乏前瞻性的大陸政策，是不划算的。

㈢由最近中共對中華民國彈性外交所採取的激烈反應看來，中共顯然畏懼彈性外交的連鎖反應，尤其擔心在中小型國家逐漸與臺北方面恢復外交關係後，會發展出一種「雙重承認」的模式，即使「雙重承認」的遠景目前看來並不樂觀，但彈性外交至少可以使中華民國不再像過去一般的孤立於國際社會，而且會增加對外實質關係，也會增強在國際組織中的活動能力及頻率。

基於此，中共當局乃處心積慮，圖謀遏阻，進而放言恫嚇，很顯然的，中共的一貫立場是，對臺關係只能是統戰政策的一部分，卻不應成爲外交政策的一環。因此它儘可以在統戰政策上採取彈性的笑臉攻勢，卻不容許中華民國以獨立的政治實體或國體的身分與地位，擴大外交活動的空間。可以想見，在未來中華民國當局開展彈性外交的努力中，中共一定會堅持「一個中國，而且只能是中共」的立場，不惜以斷交做要挾，迫使第三國在北平與臺北之間做一抉擇。因此，日後彈性外交的發展成果，就看我們如何運用自己的經貿實力，加強第三國國內親我方的政府與民間力量了。但是其中所面臨的中共壓力，是絕不可免的。

針對上述的現象，我們認爲目前正在收縮的大陸政策，應做進一步的檢討，我們的看法是：

㈠不可能眞正禁制，而且可能發生反效果的消極作法必須調整。基於此，我們主張明白規定探親範圍應及於公敎人員，但九職等以上的官員與行政主管，仍得列入禁制之列。有虞妨礙國家安全者，亦應予以限制。

㈡應鼓勵（或至少容許）臺灣各界傑出人士赴大陸訪問，尤其是文化界與學術界人士，應容許其參與大陸的學術會議與講學活動。我們必須以前瞻性的作法，加強臺海兩岸的文化交流，唯有透過此一途徑，才能化解兩岸敵意，而且才能以文化出擊的方式，對大陸形成潛移默化的積極性挑戰。

㈢對於目前日趨頻繁的兩岸貿易與經濟活動，我們倒主張採取審愼的態度。這主要是因爲，在文化的戰場上，我們可以以寡擊衆，而且正可利用大陸民心對共黨日趨絕望的時機，做好回歸中華文化的部署工作。但在經濟的戰場上，我們卻無法以寡擊衆。

大陸政策的調適與整合

民國七十九年八月十二日

警備總部在昨（十一）日公布了七月二十一日遣返大陸「經燕五五八一號」漁船的作業過程，指出中共「新華社」指我方應爲該船廿五人窒息死亡事件負責一事，純係嫁禍栽贓，並邀請新聞界實地現場參觀採訪。事實上，該船死亡事件係由於船上兩派人馬爭奪控船權，發生格鬥，乃至釀成慘禍。這證實了所謂「窒息死亡」一事，並不確實。也間接印證了中共的偏頗指責，實在居心叵測。

而昨日，警總還同時公布了對大陸非法入境人民的遣返過程，並公開了位於宜蘭縣羅東的「靖廬」，讓外界充分了解警總對遣返作業的流程。在我們充分瞭解此項作業狀況後，我們確信中共方面對我們的無端指責根本就是嫁禍栽贓；而且，由此我們也可以確信政府一再強調之，中共對我始終沒有善意回應乙節，是又一鐵的事實。

我們必須指出，臺海兩岸的分裂，乃是不幸的歷史事實所造成。而今天大陸民衆運用各種非法管道入境，主要也是基於兩岸經濟發展及生活水平懸殊所致。但是由於臺灣本身面臨的人口壓力及社會治安等因素考慮，政府事實上無法容許大陸同胞留臺工作，因此不得不採取遣返措施，關於此點，政府應該不斷地廣爲宣傳說明，使大陸同胞普遍周知，打斷偸渡來臺之念。

另一方面，有鑑於船難事件的發生，政府有關單位已正式決定今後將遣返作業交由紅十字會進行，中華民國紅十字會總會秘書長陳長文先生日昨亦指出，大陸方面紅十字會亦已覆函表示願意參與配合遣返作業，並在回電中指出，船難係「意外死亡」，而不再是日前所指責我方的「嚴重違反人道」。一方面這顯示大陸紅十字會本身可能亦就此事做過調查，另一方面也說明基於此一事件的敎訓，兩岸間必須展開良性互動，以解決各種相關事宜。基於此，由紅十字會出面接洽，無疑是一個好的開始，也是明智的抉擇。

但是，基於臺海之間今後可能出現各種錯綜複雜的問題，我們認爲今後必須儘早設置常設性的大陸政策及兩岸中介機構，日常性的處理各項問題。此一機構的設置，並不意味我政府將與中共展開政治交流或正式談判，而係基於務實的原則以及對兩岸人民互利的前提，有效而迅速的解決各項問題。關於此一機構的設置，我們認爲應考慮到下列各項因素：

第一，層級必須相當高，至少係部會級，並能統合各部會，使大陸政策及兩岸交流事務均能統合於一，不再發生政出多門現象。

第二，領導人必須富聲望，在兩岸人民心目中都具有積極的正面形象。而且主要負責人均應具備廣博的國際知識、大陸常識及法律素養。基於此，我們不贊成某些反對派人士所要求的，此一機構負責人必須由臺灣省籍人士出任，我們認爲，能力、知識與聲望才是主要考慮依據，省籍則只是次要因素。否則的話，此一機構很可能會因政治作秀而節外生枝。

第三，在改善臺海兩岸關係的同時，我們認爲國家安全及沿海防禦都是不可怠忽的重要任務。因此，大陸政策專責機構的設置，並不只是以改善兩岸關係爲唯一前提，而且也應以洞悉兩岸關係的任何可能變動爲職責所在。唯有在這樣的認知下，我們才能避免一廂情願的和解政策，卻忽略了維持國家安全才是我們生存與繁榮的最大保證。

第四，自從大陸開放後，出現不少「新興人物」與行業，那就是以兩岸關係代理人自居自重，實在就是昔日的「買辦」作風。此等人物與機構，大陸中共政權，只有利用他們，本身不會允許產生此等人物。我們這裏，卻如過江之鯽，隨處可見，當然，此等人物，多自認在臺灣有辦法，或與有辦法的人有關係，一副臺灣方面聽我的面孔。還有基金會之類，大張其鼓。我們認爲政府主管方面，必須表明態度，並且統一作法，對外亦應作些澄清。除了政府主管部門，誰也不能代表臺灣，尤其不能代表臺灣及臺灣同胞的利益。兩岸關係人士，冷靜、冷靜！千萬不要熱過頭！

第五，臺海兩岸極爲敏感，也極爲危險，避免戰爭或戰事地帶，並不寬廣。就時間而言，更爲短促。因此，任何意外事件，應避免發生。今天的戰爭，沒有一方是勝利者。我們至盼新聞同業，更要謹愼小心處理，兩岸間的新聞，尤其易造成衝突或誤解的事件。這不只是基於國家安全，利也基於同胞道義與新聞倫理。

最後，我們認爲，專責性的大陸政策機構必須納入行政系統之中，而處理中介性交流事務的單位則應以民間組織方式設立，但又具備政府的充分授權。這樣的安排與設計，才最合乎當前國家的需要，並符合彈性與整合的原則。

是儘速成立兩岸中介機構的時候了

民國七十九年九月五日

由於接二連三的偷渡客船難事件，政府有關當局以及軍方的執行單位，現在恐怕都對兩岸互動所引發的後遺症，深感頭痛不已。更何況，在行政責任之外，這些問題還牽涉到人道與國際形象等問題，牽涉層面殊廣，又不易善解，因此問題益顯棘手。我們認爲，根本解決之途只有一個，那就是：儘速完善大陸政策的決策體系，並成立兩岸中介的事務機構，使這些問題及早納入行政體制，獲得全盤性的解決。

我們的具體建議是：

㈠以總統府成立的國家統一委員會爲媒介，進行高階層、跨黨派的決策。

㈡在行政院內成立大陸事務部或大陸事務委員會，統合各部會的相關業務，成爲最高的行政中樞。

㈢在海峽兩岸間的第三地（如香港）成立非官方的中介機構。由退休或卸職具有清譽聲望的政務官領導，協調處理兩岸各種相關事務。

㈣在臺海中間的其他定點，如金門或馬祖，設立分支機構，處理如偸渡犯遣返，罪犯引渡等事宜。

㈤在海外（如美國、歐洲）設立經貿聯絡單位，惟此種機構之設立，需看日後發展實際需要，再就設置地點多加考量。

我們提出上述各項建議的主要理由是：

第一，鑑於最近發生的一連串事件，包括兩次船難、臺灣罪犯逃匿大陸以及我方工程師身陷科威特經由中共協助逃離等情事，顯示兩岸間必須有一個正式、實權的中介機構，協助進行溝通與聯絡事宜。一方面，我方可透過此一機構傳遞訊息，另一方面，在國際間發生緊急事件時，亦可透過此一管道要求中共予以協助。另外，藉助於此一機構的中介，亦可減輕臺海之間的緊張情勢，將任何意外狀況所造成的臺海危機，降至最低的程度。

第二，此一機構可以是民間性質，但卻必須具備正式與實權的功能。負責人員必須具備名望、清譽、政務官資歷（或同等經歷）。最好還具備大陸經驗或外交經歷。負責此一工作的領導人，可以是臺灣省籍，亦可以是大陸省籍，但無論如何，資歷與名望的考慮應超過省籍因素。尤其重要的是，此一機構基本上只負責一般事務性、功能性的業務，更高層次的臺海兩岸事務，則需待總統府及行政院的相關單位做成決策，交付執行。

第三，在新的大陸政策決策體制下，總統府的國家統一委員會與行政院的大陸事務委員會應該分別統合不同層次的輿論民意及部會意見。其中總統府的相關單位，應偏重最高層的決策，尤其是執政黨與在野黨之間經過政黨協商而獲致的共識。而行政院的委員會（或部）則應綜合各部會的所有決策及意見，成爲實權的行政中樞，並將最後決策以一條鞭方式責成中介機構執行。因此，中介機構必須通曉各相關部門的處理情況，並能在最快速的時間內，掌握各種突發情況，迅做反應。

第四，在此一中介機構下，必須包括各種不同的行政編組，如經貿、新聞、文教、航運、觀光、安全等，因此人員編制不能太小，而在人員的吸納上，又必須依賴政府各單位的充分配合。基於此，不管此一機構是否爲民間性質，但實際層級卻必須相當高，而且在實際運作上，又必須富機動性，因此也應考慮儘量避免過度官僚化的缺憾。

第五，若在臺海中的第三地，如金、馬設置分支機構，則應特別顧及軍方的配合問題。其中還牽涉到外島防禦體系的重劃等問題，對國防整體建設都可能產生影響，因此特別需要周密審愼。但如果眞的在這些地區設置了分支機構，則仍然需堅持一條鞭式的領導體制，避免「政出多門」的歧出現象。

第六，在設置此一機構的同時，政府需重申過去一貫之原則，即臺海兩岸的互動與溝通需以對等地位進行，功能性、事務性的溝通亦應增加，但原則性、統一性的談判時機，尚不成熟。因此，唯有在增加交流、促進溝通、建立良性互動的共識後，假以時日，才能依據兩岸人民的意願與福祉，進行進一步的交流。但是，設置中介機構，處理日常事宜，正充分顯示中華民國政府促進兩岸交流的決心，以及肯定中國終將走向統一的長期政策取向。中共當局自應採取善意回應，並降低臺海緊張氣氛，方能顯示和解的誠意。

根據以上六點，我們希望政府能及早規劃中介機構的組織編配及人選事宜，使困境重重的兩岸互動「併發症」，及早得到根治，也使臺海之間的複雜關係，及早紓解！

大陸政策應走向制度化

民國七十九年十一月一日

總統府「國家統一委員會」第一次研究委員會，日昨召開，與會學者專家認爲，國家統一雖然沒有、也不應該有時間表，但卻不能不有統一綱領，會中，出席人員擬訂了三十五個研究題目，將由全體研究委員依個人專長分別進行研究，再交研委會討論，並將結論，提報國統會討論或參考。

另外，據報導，國統會的第二次全體委員會議，預訂將在十二月中旬舉行。而在國統會會議舉行前，研究委員會也將再舉行一次。這顯示國家統一委員會已經逐漸開始運作，而國家統一的具體步驟，也將逐漸呈現，這證明國統會的諮詢功能，的確將發揮起來，成爲國家統一政策的最高指導機構。

在另一方面，行政院的大陸委員會，即將正式組成，而海峽兩岸的中介機構，也將以財團法人基金會的形式，開始運作。目前雖然在具體的人事安排工作上，尚未完全定案，但這兩個機構，都將在國家統一委員會的指導下，爲大陸政策帶來更爲明確，且符合國人期望的政績，則爲各方之共同願望。我們願以具體的建議，向此三機構獻言，並表達衷心的祝願。

首先，國統會的研究委員會，雖然將就國家統一問題，提出整體性的綱領，但這並不意味今後只有國統會肩負諮詢與研究的功能，而大陸委員會和中介機構就只擔負執行的工作。相反的，我們認爲，這三個機構雖然各有職守，但卻都必須分別進行不同層次的研究工作。尤其是在大陸委員會內部，必須有專職的機構及人員，彙總各種研究及調查單位的相關資訊，隨時掌握大陸的內部動態及國際環境之變動實況，供行政部門做各種研判，以便在制訂大陸政策時能有全盤的掌握。基於此，雖然大陸事務委員會係行政機構，必須延攬具備公務員資格的文官，但同時也應以約聘方式，延請學有專精的中國大陸問題專家、法律專家及相關學者，經常性（甚至是日常性）的就大陸情勢做廣泛及深入之討論，並根據這些討論的結果，做成政策性綱領。基於此，大陸委員會在職能上必然不同於一般行政機構，它必須同時兼具政策執行及「思想庫」的雙重功能，如果缺少了後一項的功能，它就難免會因爲官僚制度的建立，而逐漸喪失主動性和積極性了。

其次，我們必須強調，大陸委員會之下，雖然有許多業務部門，但這些部門的主要工作，並不在取代行政院原有部會（如經濟、財政、法務等）的執行權力，而應在協調各部門，統一步驟，一致對外，以免政出多門，造成紛歧矛盾的現象。因此，在未來的人事安排上，除了強調對大陸事務的專業知能外，還應考慮與各相關部門的充分溝通，有時爲了行政作業方便起見，更應延攬其他部會的合適人才，一方面可以促進部會間的人事交流，以免過度「自我中心」取向，另一方面也可增益各部會之間對彼此業務的熟悉，免生扞格。

再者，由於大陸委員會係跨部會機構，在召開之初，各部會首長均會共襄盛舉，全力支持。但久而久之，是否能繼續積極支持，則揆諸過去相似之委員會的前例，則不容樂估。我們希望今後在每次召開跨部會之會議時，都有能負全責、全權做決定的相關首長到會，否則如果只派科長、科員與會，無法做出全權決斷，豈不是浪費了召開會議的本意，並造成行政效能的怠忽？因此，今後大陸事務委員會必須得到各部會的充分支持，才能發揮它的協調及執行之職能。

另外，日前行政院大陸工作會報舉辦座談，與會人士達成了「新聞交流第一」的共識，此外，中共機關報《人民日報》的一位副總編輯，也向國內去的記者團表達了該報希望來臺辦報的意願，行政院新聞局長邵玉銘的答覆則是「目前政府仍不予考慮」。大陸委員會副主委馬英九則認爲「此事仍有待通盤考慮」，而其前提則是基於互惠對等的原則。我們希望，即將成立的大陸委員會能夠儘速就新聞交流一事，做全盤的評估，然後統一協調各部會的立場與意見做成決策。我們也希望，在大陸委員會成立後，能使今後政府的大陸政策，既具前瞻性，也考量到實際的步驟和後果，同時亦兼顧國家安全、社會安定與兩岸人民的共同福祉，這才是全民甚幸的一項神聖任務。

在民意監督下運作的海峽交流基金會

民國七十九年十一月二十九日

行政院副院長兼大陸事務委員會主委施啓揚，昨天在立法院指出，新成立的海峽交流基金會，接受政府委託辦理大陸事務，由於委託事項涉及敏感而重要的大陸事務，朝野各界高度關切，乃是正常的。但是他也強調，基金會事實上受到了多層次的監督，亦即行政、司法、國會和全民的監督。由於行政院大陸委員會係海峽基金會的主管機關，負行政監督之責，而行政院依憲法對立法院負責，又受監察院的監督，因此基金會自然也要透過陸委會而受國會監督。

施啓揚主委同時也強調，政府的「三不立場」原則並無改變，但作法上則有所調整。而政府推動各項大陸工作，必須以國家安全與全民福祉爲優先考量，並以審愼、穩健的態度處理兩岸交流事宜。基於此，海峽基金會此一中介團體，將依據契約委託，負責執行兩岸民間交流中技術性與事務性的事項，並不涉及政治性事務。換言之，此一基金會係在大陸委員會的指導下，以民間機構的形式，代替處理政府不便出面處理的事務。

我們認爲，施主委的說明的確已將海峽基金會的性質與功能作了明確的交代。在政府堅持與中共官方「不接觸、不談判、不妥協」的原則下，設立財團法人的民間機構，代替政府出面處理，是絕對有其必要的。尤其是近年來兩岸民間交流頻繁，衍生了許多複雜的問題，其中諸如文書驗證、財產繼承、婚姻關係、旅行證件核發、經貿糾紛，以及罪犯引渡等事，都需要有固定的機構負責處理，並建立處理規範。基於此，海峽基金會的成立，是積極而富正面意義的。它不但代表著臺海兩岸交流已進入了一個新的階段，而且也顯示政府處理有關事務的態度，已更趨穩健與成熟。

但是我們也同意許多立法委員所指陳的，既然海峽基金會是財團法人，而且其中許多經費是來自政府，亦即係由納稅人的錢所支出，因此必須建立制度化的民意監督管道。我們認為，此一管道的建立可以依循下列幾項原則：

(一)由立法院設定海峽交流基金會的設置條例。

(二)基金會的負責人與大陸委員會負責人一樣，應定期接受立法院的質詢。

(三)海峽基金會應定期向大陸委員會及行政院報告工作狀況，並受陸委會的監督，執行各項交辦業務。

換言之，我們認為海峽基金會之屬性應與「中華經濟研究院」或「工業技術研究院」相近；而基金會與陸委會的關係，則類似北美事務協調會與外交部之間的關係。但海峽基金會的私法人性質則更強。這樣的定位，將可使政府今後在「三不」政策上，保持更大的彈性轉圜的空間，同時又能堅守原則，保持主動運用的權利。

最後，我們願意特別就海峽基金會的運作提出下列幾項建議：

第一，既然海峽基金會的功能係定位在執行，而不涉及政策擬訂，因此海峽基金會必須廣泛吸納對大陸事務有深刻了解的實務人員，包括文化、經貿、科技、旅遊、法制等層面。因此，此一基金會必須有相當堅實的專業工作羣，這將直接影響到基金會日後的運作效能。

第二，今後海峽基金會可能會在大陸設置分支機構，但這勢必牽涉到權益及法律保障等問題。海峽基金會必須做仔細的規劃，才能妥善維護我方之權益。

第三，今後海峽基金會應與民意代表及學術界作充分之協調溝通，避免「官式化」之積弊，也使民間更清晰它的運作實況，以免造成「黑盒作業」的誤解，引生不必要之誤解。

第四，由於海峽基金會處理之業務十分敏感，而其成員又非公務人員，因此對其忠貞保密等之考核，必須十分重視，方能減低外界之質疑。

最後，我們謹祝海峽交流基金會運作成功，為國家利益及全民福祉帶來積極的保障。

遣返大陸漁船災變事件的慘痛教訓

民國七十九年八月六日

針對中共新華社有關大陸遣返漁船災變的報導，國防部在四日指出，我政府有關單位對大陸非法偷渡之漁船、漁民及偷渡客，均依法定程序辦理，並無虐待或不人道情事，自民國七十六年九月至今，以併船方式遣返者，計有漁船三千二百餘艘，偷渡者四千八百餘人，漁民六千餘人。爲了避免遣返漁船發生爭鬪奪船情事，船艙口雖加裝木條封閉，但絕不會影響艙內空氣流通，更不致於導致窒息死亡。中共方面的報導疑點甚多，而且顯然是以嫁禍手法，故意抹黑臺灣在大陸人民間之形象。更何況，該船上尚有爲數不少的生還者，如果眞是封艙致死，爲何這些自由生還者見危不救，是否是因船民內鬨而致死？中共豈非故入人罪，藉題發揮？

國防部長陳履安日前亦已就此一事件發表談話，除澄清我政府之立場及作法外，亦強調輿論媒體，不應人云亦云，不分青紅皂白，即將指責矛頭指向政府，他並希望國人不要完全相信別人，「以免中計」。

我們十分願意相信國防部的說法和陳部長個人的解釋。我們也相信中共方面的報導存在著諸多疑點，而船民本身發生械鬪肇禍的可能性也很大，但是，我們更願意提醒政府當局，這些死者都是我們的骨肉同胞，僅僅是一海之隔，但卻因我們的處置（不管適當與否）而罹難。即使我們並無法律或行政上的責任，但道義上的承擔卻是不能不肩負的。即使我們一再強調過去都是以此一方式處理，而且沒出過事情，但是現在既然問題已經發生了，我們就不能再「援例辦理」。而且無論責任誰屬，但做爲一個堅持「三民主義統一中國」的政府，我們就必須秉於人道與同胞愛的原則，在澄清責任之餘，並做善意的撫卹與賠償。執政者應該了解，由於此案的犧牲者均係我炎黃同胞，更多係與本省大多數同胞同操閩南語之福建省籍人士，既然我政府至今仍保有福建省政府，則此事卽宜由福建省政府出面，一方面澄清我政府絕無不人道之作法，更不是導致這些船民罹難的眞凶，另一方面則應對死難家屬做善意之補償。進一步，則應更清晰的向大陸同胞表達我政府無法收留大陸偷渡客之緣由，使臺灣在大陸同胞及國際人士間之負面形象，得以逐漸扭轉。

除此之外，我們也希望政府有關當局能儘速通盤檢討下列各項問題，並儘早公諸全民大衆，這些問題包括：

第一，大陸偷渡者之遣返，爲何採「併船」方式處理，「併船」之後剩下的船，究竟如何處置？是如傳言所云的放火燒掉，還是扣押不還？此一作法，是根據何種法令，還是基於「便宜行事」的心理，由執事者任意處斷？試想，偷渡者多只圖賺點錢而已（少數人則可能另有所圖），但是一旦被逮捕後，不但偷渡所花費用血本無歸，而且連船隻也可能要賠上，造成日後生計困頓。於是在返航途中，勢必發生奪船爭鬪等情事，因此，無論過去如何「援例辦理」，我們願鄭重呼籲有關當局：此例不可再開，亦不得繼續依循舊規，否則大陸同胞對我政府之負面觀感必將永無已時。

第二，有鑑於偷渡者可能一來再來，明知故犯，造成執事者之困擾，我政府可以考慮透過下列方式之一進行：

㈠對故犯者施之以定期之監禁，並對船主以扣船方式懲處。

㈡將偷渡者名單透過紅十字會等團體或今後將成立之兩岸中介機構，傳交中共當局。由中共當局對偷渡者自行處分。

㈢由目前在大陸之臺商籌募基金，組織民間團體，負擔將偷渡者遣返之部分運費。因爲他們是「取之於大陸」，亦應部分「用之於大陸」。

㈣趁此次中共藉機指責我政府當局之機會，應要求中共當局採取相對之配合措施，如提供第三口岸接駁我方運送偷渡者之船隻，以及自行決定如何懲處偷渡者等，方能解決我政府當局處理上之困難。

第三，爲了澄清我政府絕無不人道之情事，政府應善用此次事件之契機，全盤公布處理過程，並開放「靖廬」等接待所，供人權團體參觀。此外，並應將我方之立場以及無法接納大陸偷渡客之各項理由，透過國際媒體及海外僑報做仔細之報導。相對的，亦應要求中共當局拿出解決問題之誠意。畢竟，對中共當局而言，沿海人民的大量偷渡並非光榮之事，而若無中共方面配合，此一問題亦不可能根本解決。

第四，政府應儘速成立現代化之海防部隊，並完善沿海防禦體系，才能有效阻絕偷渡。另外，政府亦應及早成立臺海兩岸之中介團體，以加速此一問題的根本解決。

第五，執政黨及政府之大陸工作會報應監督各項有關政策之執行，不應聽任情治機關「便宜行事」。今後，若有其他事端發生，必須懲處失職人員，辨明行政責任，方才合乎法制與法治之原則。

最後，我們懇切的希望，此一意外事件絕不可再度發生，因爲它不僅是臺海兩岸人民的不幸，也是對全中國的一項恥辱。它所顯示的，是遲至一九九〇年代，中國人仍然無法有效的解決兩岸的互動問題，而且它也突顯了兩岸人民生計與社會制度的嚴重差距。這些差距，顯示出今後在解決中國問題時，兩岸政府與人民還有許多長遠艱困的路待走，這是我們不能不愼察的。

國家統一委員會應整體統合大陸政策

民國七十九年九月十六日

過去幾年之間，由於政府開放大陸探親，臺海兩岸互動頻仍，關係發展日益密切，造成臺灣地區民間「大陸熱」的特殊現象。近來因爲赴大陸投資日多，對大陸情況了解愈益深刻，「大陸熱」已有逐漸降溫趨勢，政府在此時決定成立總統府國家統一委員會不但有助於在冷靜中規劃整體的大陸政策，也可使兩岸關係的未來發展，更合乎全體中國人的福祉與願望。

我們願針對國家統一委員會的職能，就短期、中期、長期三方面，提出具體的建議。

首先，在短期方面，我們希望國家統一委員會能基於其位階高、跨黨派及諮詢性的特色，儘速就行政院大陸事務委員會及兩岸中介機構的組織、事權及人事安排，做好規劃，並促使此二機構儘速成立。

在此二機構的事權及職能方面，我們建議應以大陸事務委員會爲跨部會的統合機構，必須經常性的舉辦部會間的會商（如每週一次或一月數次），並做出決策，交付各有關行政部門執行。若以最近我方漁船爲蘇聯扣押一事爲例，針對民間建議請中共協助解決一事，大陸事務委員會卽應立卽召開跨部會會議，做出決策後，卽交付漁政、外交等單位執行。

至於兩岸中介機構，則負責日常性、事務性的聯繫工作。關於此一機構的設置地點，不妨考慮設置於香港或其他適當地，並應考慮在大陸沿海地區及我方的金、馬、澎湖等地設立分支機構，專門處理漁政、走私、引渡罪犯等事宜。

在此二機構的人事安排方面，我們認爲應網羅具備外交或僑政經驗及大陸知識的專門人才，必要時應專門招考，而不應指定由各單位分配若干名額，勉強組合於一。另外，在此二機構的領導人選方面，應特別著重威望與經驗，而不必以省籍爲優先考慮。具有成熟經驗與貢獻的元老之士，自爲全中國所敬重，我們所熟知的，如馬樹禮先生、李國鼎先生、楊西崑先生等。他們在國家發展過程中，各具特殊貢獻與地位。馬先生爲海外民運民聯人士而奔走深受尊重，甚至被視爲「民運之父」；李國鼎先生在當今朝野中，科技財經之地位與貢獻，難出其右；楊西崑先生在第三世界之外交不只是先驅者，也是最大貢獻者。另外在兩岸中介機構的人事規劃上，尤應注意儘量以民間人士或退休官員爲主，以突顯其「非官方」之特性。

在此二執行機構成立後，統一委員會卽應監督其日常運作，作出高層決策，並規定兩岸中介機構所肩負的交涉職能，僅限於事務性、功能性業務。至於更高層的談判，則必須審愼爲之，除非獲得朝野共識、全民認同，否則不應倉促進行。

但是，在統一委員會的中期規劃工作上，卻必須將談判事務列爲重點，不管是談判人才的規劃、情報、資訊的搜集乃至談判的沙盤推演工作，都必須及早進行。另外諸如「三不」政策的全盤評估，兩岸局勢的整體探討、對海外民運的態度等，均應列入規劃，並責成研究人員做出各種可能方案，以待情勢突發時之參考。

另外，由於當前臺海情勢變化日速，因此「中期」的定義，應縮短爲五至十五年。十五年以上則定爲長期。根據此一分期，政府應將此一中期規劃爲談判壓力到來之際，也就是「三不」政策可能面臨調整之時期。因此如何發揮臺灣經驗，獲得大陸民心的肯定，就成爲今後大陸政策的一項重點了。否則的話，如果大陸是以強勢姿態逼迫我方走向談判桌，我方卻毫無事先規劃的話，那麼談判優劣情勢也就不言而喻了。

至於長期政策的規劃，則是基於中期情況的研判而定。如果臺灣經驗倍受大陸民心肯定，並已有充分的臺灣經驗在大陸移植成功，則以 國父孫中山先生之思想與理想爲中心的「三民主義統一中國」將爲期不遠，而長期政策的規劃應以光復全中國爲標的，並根據三民主義、實業計畫等學說經驗規劃整體的建設藍圖。如果長期的發展是走向有條件統一，則應就兩德、兩韓統一經驗進行細部分析，並就「聯邦制」、「邦聯制」、「中華國協」等擬議，進行全盤衡估，判斷何者對我有利。另外，在長期規劃工作上，也應就大陸局勢預做判斷，以決定我方的可能對策。

由於大陸局勢的發展充滿著不確定性，因此短期、中期、長期的情勢發展有時也可能會突然易位，亦即預估十餘年後出現的情況突然間提前到來，因此，上述的分期只是時間的分類而已，在實質問題的處理上，則可能是完全不按時間序列，甚至可能是時間先後倒錯的，這些均應列入考慮。

再者，由於國家統一委員會係定位爲諮詢機構，因此我們建議應廣納優秀的專業人才及中共專家，定期提出政策研究報告。由於大陸事務委員會及兩岸中介機構均係執行機構，且位階較低，因此由國家統一委員會召集專才進行研究諮詢，實有其必要性及迫切性。

爲了突顯國家統一委員會的實質功能，而不僅止於象徵意義，我們建議應將國家統一委員會的開會時間訂爲每月兩次，而不是原先擬議的每二個月一次。事實上，以最近幾個月間所發生的船難、走私等情事看來，每兩週一次會議的頻率並不算高，必要時甚至應加開臨時會，這也是在規劃國家統一委員會職能時所不可忽略的。

一國兩區與和平統一

民國八十年三月五日

行政院長郝柏村，日前在立法院答詢時指出，動員戡亂時期一旦終止，我國基本國策將由「以武力與戡亂的方式統一中國」，明確轉變爲「和平民主統一中國」，但我國的反共立場則不會改變。而動員戡亂時期終止的最重要含義，則是使臺灣民主憲政落實。至於中共定位問題，則視其有無敵意而定。郝院長指出，除非中共明白宣布放棄對臺使用武力，或者兩岸有停火協調，才能終止敵對狀態。而目前我國並無與中共官方接觸的可能性。因此，兩岸交流目前仍以「一國兩區」爲原則。我們係合法的中央政府，自以務實、對等爲基礎，開展兩岸關係。

我們認爲郝院長明揭的政策立場是十分正確的，也蘊涵著重大的突破意義。首先，「和平民主統一中國」的立場，意味著我政府已正式從「三分軍事、七分政治」的一貫政策向前跨了一大步，而強調和平、民主的基本原則。卽使中共至今並未宣布放棄對臺動武，但我們主動的揭示民主及和平的原則，對臺海和平的維繫，實有積極的功效。因此，儘管中共不一定會對「動員戡亂時期」的結束表達善意的回應，但我方主動表示善意的立場，卻必然爲國際間肯定的。

其次，我方雖主動表達善意與誠意，但並非無限度的讓渡。因此，除非兩岸停火協調，或中共宣布放棄武力攻臺，否則我與中共的敵對狀態將無法終止。在這樣的前提下，中共定位問題，主要還應視中共本身的態度及表現而定。但無論如何，只要敵對狀態持續存在，我政府仍將維持一切必要之國防及安全措施，並堅持反共之基本國策。這對臺灣地區的安定、繁榮與發展，都是絕對必要的。

第三，在上述兩項基本立場確定後，開放三通的時機也因此為準衡。這不但是因為我方必須保留自身溝通及談判之籌碼，而且必須視中共方面之態度及大陸情勢演變而後定奪。由於中共政權迄今仍不願以對等立場面對我政府，而且對矮化我之「一國兩制」政策絲毫不肯改變。因此，我們誠然願意以更大的開放空間促進兩岸交流，但也不可能在原則問題上過分讓步，這也是一個負責任的政府與執政者對國民應有的承諾。

第四，宣示「和平民主統一中國」的另一項重大意涵，是使臺灣民主憲政建設進一步奠基落實，使解嚴後的政治民主及自由運用空間得以進一步開拓。由於中共方面的善意回應並非我方所可掌握，但開放政治民主及人權自由的空間，卻是政府可主動運用的。因此在兩岸關係發展受限的處境下，改善國內的民主發展環境，簡化法制體制的束縛，以及導正政黨政治的運作，卻是可喜的民主進展。這也是終止動員戡亂時期的另一項重大成就。

第五，重提「一國兩區」的概念，是面對中共「一國兩制」政策的一項相對因應。由於「一國兩府」、「一國兩席」、「一國良制」、「一國兩政（權）」等說法均被認爲行不通，或被我政府當局所否定，而爲了澄清「一國兩制」政策之統戰，提出「一國兩區」的對應政策，在現階段仍有其必要性。不過我們認爲，「一國兩區」的說法的最大優點，是只以「地區」之名界定臺海兩岸，而不觸及「正名」問題。因此，政府爲中共政權定位或正名，自然不應再將「叛亂團體」、「交戰團體」等不合時宜的名詞重新提出，如果實在需要做一界定，則亦可以「政治實體」爲規範。事實上，臺海兩岸關係目前本身仍處於曖昧不明的狀態，保留較大的彈性狀態並不一定是不利的，這也是事實狀況的反映。

最後，我們希望朝野各界都應深深體會到當前國家的處境與臺海兩岸間敵對狀態尚未結束的事實。因此，我們認爲在野人士雖然可以對「國家統一綱領」有不同的看法，但若要一味的否認「中國終將走向統一」，「大陸人民支持臺海兩岸統一」的事實，並且勉強的搞出一份針鋒相對的綱領，就於事無補了。畢竟，「國家統一綱領」本係爲改善兩岸敵對狀態而有的產物，而且最近幾個月的兩岸發展關係也已證明，目前敵對狀態已有和緩之迹象。因此，反對派人士不宜再產出一份綱領，重新走摸索的路。

迎三保警歸來

——並建立負責的、理性的與道德的兩岸觀

民國八十年四月四日

經過二十三天的周折，遭大陸漁民劫持赴大陸的三位保警，昨晚終能歷劫歸來。我們爲三保警的平安歸來深感欣慰，同時也對爲此事件勞心勞力的中華民國紅十字總會陳長文秘書長及各位先生表達我們欽佩之忱。

從這件事的整個歷程，我們深刻的體會到，只有全國同胞團結一致，才能促使中共以善意待我。

這次的事件一如行政院陸委會發言人馬英九所言，這是件意外，而非常態。換言之，這是件突發事件，而不能據此而推斷兩岸關係已有某種「模式」可循。不過，紅十字會陳長文秘書長也說：「經由此案，雙方人員相互晤面、協商，總是使雙方更進一步了解，建立了雙方溝通管道，將有助於對未來雙方事務的解決。」

隨著兩岸的接觸頻繁，兩岸間的突發事件也跟著增多。除了三保警這件事外，日前在福建莆田發生的車禍，以及基隆籍漁船「文明十一號」在返回基隆港時遭一艘被疑爲係大陸「海關二〇

四號」船洗劫事件，都是最近的明顯例子。

上述的三項訊息，充分的顯示當前臺海兩岸的互動，變數已越來越多，不但難以預料，而且事後的處置也因大陸方面因素的變動無常，而不斷增加變數，使政府不易在短期之間有效處理。

在這樣的處境下，我們認爲國人所應認清的，是唯有精誠團結，不任意猜忌，不惡意扯自己後腿，使政府及相關單位有充分的運作空間，進行各種折衝協調，並在最短期間內，提出有效的對策，才能保障國家利益與人民福祉，不受到更多的侵凌，更進一步，才能爭取更大的利益與福祉。三保警之能順利歸來，就是最好的說明。

我們的具體主張是：

第一，必須維護保密原則，在交涉的過程中應以國家利益和當事人的福祉爲優先考慮，絕不可爲了私利或出風頭，置公衆利益及他人安危於不顧。例如，在此次三保警事件中，部分媒體指責有關單位在談判過程中保持隱密，有「黑箱作業」之嫌。但是任何人都心知肚明，既然三保警人在中共手中，我們談判籌碼自然受限，在這樣的處境下，如何可能在人員未交還前公佈談判過程？更何況，卽使我方有意公佈過程，中共方面也絕不會願意。

如果爲了迎合媒體「挖新聞」、「搶獨家」的需要，置三保警的人身安全於不顧，這才是執事者的嚴重失職。因此民衆固然有「知的權利」，但卻應該是事件告一段落之後才了解全貌，斷無以「實況轉播」方式，全程旁觀的道理。這不但在中國如此，在西方媒體功能極爲發達的情況下亦然。

第二，民意機構應有充分的監督之權，但仍應以國家整體利益爲先，切不可基於「作秀」目的，以小誤大，或因小失大。通常在西方民主國家，牽涉國家機密的事務都必須限制接觸對象，但是重要的，國會領袖仍有參與或知會的機會，不過基於隱密的考量，這些國會領袖必須謹守保密的原則。可是在當前我國的議會政治中，「忠誠的反對黨」的理念尚未被充分接納，部分反對黨人士，不但反對政府，而且反對中華民國和憲政體制，甚至根本不承認自己是中國人，在這樣的處境下，也就無法達成西方民主體制下的反對原則——「反對政府，但忠於國家，忠於憲法」。既然效忠原則不能確認，則又如何確保他們能忠於國家權益呢？這也是當前臺灣地區建立民主規範與良性共識的一大困境。

第三，民衆在兩岸互動關係中，必須確立對中華民國的認同，嚴明敵我分際，以免國家利益受到摧殘斲傷。在目前的「大陸熱」中，部分民衆誤以爲「中共卽中國」，卻未能體會到「中共反中國文化」的本質，對中共產生許多不必要、不可能的幻想，甚至忽略了基本的國家利益的考慮，而無止境的要求政府開放、讓步，置國家安全及全民福祉於不顧。譬如說，在三保警事件中，卽有少數人以爲，必須從中共方面思考問題，既然三保警中有人開槍造成命案，甚至造成當地人民包圍公安單位，因此就必須以司法案件處理此事。但是這種說法，卻忽略了中共的「社會主義法制」的特質，是政治考慮必然優先於司法裁量。事實上，中共當局在面對羣衆事件（如

「六四」天安門事件）時，雖然可以用「以法論法」的態度處置，但也可以用「武力鎮壓」的方式處理，其中的分野則視「領導人」的政治衡量而定。因此在三保警事件中，我們實在不必以司法或法制的考量替中共方面找藉口。事實上，不僅在三保警事件上中共是以政治性考量爲優先著眼點，而且在莆田車禍事件上也是以政治性考慮爲其出發點，否則根本無需由福建高層黨政幹部出面愼重處理，這顯示臺胞車禍所可能造成的利得損失（可能造成臺灣觀光客及臺資銳減），才是中共當局眞正關心的焦點，否則的話，若就「法」論「法」，一起車禍事件在大陸有關當局看來，實在不是什麼大不了的事。中共還是「政治掛帥」，這點患有「大陸熱」的工商業者尤應清醒。

總之，我們希望全體國人都應充分了解，在日益複雜的兩岸關係中，我們應認眞思考馬英九所說：「理性、互惠、對等、和平」的互信與誠意原則，更必須以自己的國家主權、利益及人民福祉爲優先考量，而且還須愼思明辨、精誠團結、鞏固心防、明敵我利害，才能保障自己的生存與安全。這樣的作法，才是負責的、理性的與道德的，相反的，爲了私利、作秀等一己之慾而逞一時之快的作法，都是不足爲訓的。

臺灣必須以大陸為腹地求發展

民國八十年十二月三十日

李總統登輝先生日昨接受「美國之音」訪問，對臺海兩岸關係和大選後的政治情勢，以及「臺灣經驗」的具體內涵，做了重要而明白的闡釋，十分值得國人重視。

李總統在訪問中透露了一項十分重要的訊息，就是一種「務實」取向的大陸政策。他特別說明中華民國政府並未拒絕三通，只是目前時機尚未成熟，臺海兩岸之間當務之急，乃在消除敵意、建立互信基礎，而且臺灣的發展與安全獲得保障，考慮直接三通才有其意義。

李總統並明確的指出，在臺灣的臺灣人或外省人都是中華民族的一分子，我們不能切斷與中華民族及中國文化的關係。而從現實利益看來，臺灣未來的經濟發展，不能局限於這一小島，而必須以大陸做為腹地來維持。當大家都認清了歷史文化與經濟利益之後，所謂「臺獨」自然得不到人民的支持，必將消失於無形。

我們認為李總統上述的說明，乃是迄今政府與國家領導人最務實的一項提示。李總統以歷史文化與經濟利益這些角度解釋「臺獨」的不必要及無可能，卻是基於理性及說服，而且以人民的共識爲基礎，亦合乎民主法治之原則。基於此，我們認爲李總統的提示，乃是富於遠見與智慧的，也具有緩和統獨爭議的積極效果。

李總統的提示同時也透露出國際當前政經整合的大趨勢。在蘇聯解體，由新國協取代之際，西歐統合運動也日趨成熟，顯而易見的，今後世界將出現北美、西歐、歐亞國協、以及日本及東亞等區域中心。以臺灣的幅員及資源，自然應以大陸爲腹地，通過與大陸的實質交往，促進經濟發展的再起飛。事實上，臺海兩岸的間接貿易，今年已達到五十五億美元，佔我國貿易順差的百分之廿六。而今年對大陸的間接貿易額也佔對外貿易總額的百分之三點九，每年並以近百分之四十的速度成長。除非政府刻意打壓，否則兩岸經貿互賴的大趨勢，勢將無以避免。當然，政府可以基於國家利益的整體考慮，在政策上保留主動權限，依據兩岸情勢決定加速或暫緩三通的步調。基於此，從實際的利害考慮角度拒斥臺獨，才是眞正合乎民主的。而所謂「支持臺獨才合乎道德原則」的激進說詞，也勢將面臨眞實民意的挑戰，受到選民的唾棄。

李總統在此次訪問中，還對「臺灣經驗」的具體內涵，做了重要的闡釋。所謂「臺灣經驗」的優點，包括了下列幾個層面：

㈠教育普及，使國家不缺乏管理人才，使社會建設不落後。

㈡政府與民間都重視知識份子，知識份子能在各行各業發揮他的能力。

㈢由於土地改革成功，農業生產力提高，農民收入增加，奠定經濟發展基礎。

㈣政府制定正確的政策，以農業爲基礎，促進工商業成長，工商業發達之後回報農業，使農村生活富裕安定。

㈤經濟發展與民主政治並重，人人能夠生活得既富足，又有尊嚴。

對於以上五點，我們均表贊成，亦認爲涵蓋了臺灣成功經驗的主要內容。如果我們透過國際比較角度，尤其是與拉丁美洲、東歐、蘇聯，及其他東亞國家的自由化、民主化經驗相較，無疑的，臺灣經驗還有一項重要的成功經驗，亦即：

㈥透過漸進改革，使民主體制在穩定中求進步發展，既符合日益深化的民意要求，同時又避免過激的改革步調所造成的社會不安與政治動盪。

上述的第六項成功經驗，事實上也正是由蔣故總統經國先生首倡，並由李登輝總統所持續推動進行的國家發展路線。我們認爲，如果臺灣經驗能超越教育、經濟、農業、土改等層面，成爲一項爲世人所珍攝的民主發展楷模，則第六項改革經驗的進一步茁壯成長，就更具對大陸形勢演變的催化作用。

海基會與兩岸新關係

——兼論「黨對黨談判」

民國八十年五月六日

海基會已完成了第一次的大陸之行，就表面效果而言，的確已經建立了正式的交流管道，中共國務院臺辦今後將成爲主要的對口單位。中共方面雖然提出了解除「三不」等五項原則，但由於海基會本身並非決策單位，因此今後工作如何開展，還存在許多的變數，其中主要係看中共方面的對應態度而定。如果中共方面希望儘早促成兩岸間的進一步交流，而且願意賦予中華民國政府在國際上較大的自由運用空間，則海基會工作將較爲順暢，否則的話，今後恐怕還會面臨許多障礙，甚至是無法預測的棘手問題。因此，海基會工作恐怕仍是充滿變數與挑戰的。

但是，只要海基會掌握到下列的重要原則，仍然可以在「掌握敵情」的前提下，減低執行時的不確定因素，並減少挫折感。

首先，我們必須充分了解，中共必定是以「掌握主動隱藏底線」爲一切談判的前提。爲了故佈疑陣，它一定會以許多的小動作，如更改談判時間地點、變動談判主題等，使對手充滿迷惑，甚至頻生頓挫之感，藉以挫其銳氣，因而得到「下馬威」的效果，這是不能不愼防的。

其次，爲了統戰目的，中共也會經常以甜頭或甜言蜜語，以及略施小惠的方式誘敵。同時它也經常會使用手段分化敵人，故意看輕主要敵人，拉攏次要敵人。因此，無論中共方面是友善或冷淡，甚或是敵意，均不必引以爲憂或沾沾自喜，或因受隆情款待而自覺受到敬重。事實上，只有一切以平常心視之，堅持原則，不動意氣和情感，才是上策。

再者，中共在原則問題上，絕不會絲毫放鬆，因此它將會不斷提出「一國兩制」、「三通四流」等要求，並施放統戰氣球，以便形成輿論壓力，造成有利於它的氣氛和環境。好在海基會本身層級不高，職權有限，無法做出高層決策，至多只能轉達意思，當中共充分了解此點後，或許會放鬆一些；但不斷提出原則問題的作法，基本上卻是不會改變的。

另外，由於目前國內「臺獨」、「獨臺」氣氛不斷膨脹，中共方面決不會坐視，更不會容許「臺獨」聲勢在國際間擴散。如果此一趨勢無法遏阻，中共很可能會暫停與海基會的交流活動，甚至有可能故意製造臺海間的緊張關係（如利用臺海間某一無人島試射飛彈或舉行大規模近海演習），逼迫我政府讓步，最近中共當局指責國民黨有意縱容「臺獨」，卽是一項警訊。當然，如果上述緊張情事發生，很可能就無法由海基會這樣的機構來負起責任了。中共當局勢必要求更高層級的單位出面談判，這也是我政府及執政當局不能不預作防範的。

最後，有關最近中共重提「黨對黨談判」一事，雖然我方已表示時機尙未成熟，但執政黨內部卻必須及早就談判方式及談判內容預做規劃，並擬訂「沙盤演練」計畫。因爲在目前主權問題還無法解決的情況下，對等政府談判必定不會爲大陸當局所接受，而省級政府談判，也不爲我政府所樂見。唯一有效的解決辦法，則是「黨對黨」談判。由於國民黨過去談判人才一向缺乏，對國共談判的失敗教訓記憶猶新，因此一向對此問題視若蛇蝎，但是如果眞實考慮到兩岸關係的未來動向，以及「臺獨」問題所可能引發的緊張情勢，當可了解，「黨對黨談判」的局面，可能終將無法避免（除非是決定另以戰爭解決問題）。基於此，目前雖非「黨對黨談判」的迫切時機，但卻已是開始準備處理此一問題的預備階段了。執政黨及政府必須及早就此一問題做妥愼的安排及規劃，並就其利弊得失做出整體性的評估。這也是國統會與陸委會應扛起的一項重任。

檢視海基會帶回的訊息

民國八十年五月六日

海基會秘書長陳長文等一行赴大陸訪問，已於日前回來，整體而言，海基會此行訪問是相當成功的。至於中共當局已正式答應願意與其配合，並以國務院臺灣事務辦公室爲主要對口單位，進行雙方的實質溝通。但是在此次交流活動中，我們也看到了許多的問題存在。綜而言之，這些問題包括下列各層面：

第一，中共仍堅持「一國兩制」的原則，而且反對「一國兩區」、「一國兩府」、「一族兩國」等提法。卽使王兆國曾宣稱「臺灣與大陸都是中國的一部分」，但卻絕非承認「一國兩區」，只是表達友善之意而已。另外中共所提的「五原則」等說法，也充分說明中共在原則問題上絲毫不肯放鬆，也絕對不會承諾賦予中華民國更大的外交活動空間。因此今後政府與民間恐需更爲「務實」而非「空想」式的研擬有關「務實外交」的具體作法，而可運用的空間及資源恐怕仍是極受限制的。

第二，相對於中共決策過程的隱密與迂迴，我方的政策制訂過程目前已是門戶洞開，其透明度甚至已超過西方民主國家，幾乎已無機密可言。這固然係因近年來政治自由化程度頗高，政黨政治發展所致。可以想見的是，今後在對中共的交流過程中，將由於我方動向及底牌已充分爲大陸方面所掌握，使各種談判及交流工作都倍感艱辛。相對的，大陸決策的「黑盒子」卻仍然十分神秘，因此我方只有處於劣勢，難有重大突破。因此今後政府對海基會的作業，只有採取「堅守原則」的守勢，絕不輕易移動底線。而民間人士及民意代表，也必須以國家安全及全民福祉爲念，絕不可動輒要求政府調整基本政策。

第三，雖然與中共的交流溝通非常艱辛，但是在細節與具體問題上，我方仍不無迴旋之空間，但這必須藉助於對中共方面心態的充分掌握上，換言之，唯有派出對中共事務熟稔的專業人士出面交流談判，始能掌握細微的有利時機因素。但是在目前的海基會中，多缺乏專業的中共專家，因此今後海基會應排除畛域之見，網羅熟悉大陸事務的專業人士參與工作，而陸委會方面亦應負起責任，要求做到「內行領導外行」，才能避免因錯誤的執行造成錯誤（或不利）的結果。

第四，在此次中共的對應過程中，我們應充分體會中共方面對於「獨臺」的憂慮，以及「國民黨縱容臺獨」等指責，更是值得執政黨警惕的。因爲兩岸間的進一步交流固然可能會化解敵意，但是如果中共方面在原則問題上完全不肯讓步，並且堅持反對任何形式的「獨臺」或「臺獨」，則政府的彈性空間仍將十分有限，在這樣的前提下，政府的許多彈性嘗試，以及要求「善意回應」的說法，均將會面臨嚴重挫折。這不但可能引發兩岸間的緊張關係，也會造成國內朝野之間的更大爭議。這是政府與執政黨均不可不愼的。

第五，此次中共重提「黨對黨」談判，並引起國統會中的熱烈討論。最後結論雖然是「時機尚未成熟」，但勢必引起反對黨派的嚴重猜疑。事實上，對於海基會本身是否會進行「秘密交易」，反對派人士及獨派人士也是一直質疑的。我們認爲必要時執政黨應公開表達立場，海基會也應定期向立法院報告，使其受到實質的監督，而不致造成朝野之間的更大矛盾或爭議。

第六，由於中共目前已決定以國務院臺辦爲海基會的對口單位，而非早先傳言的「孫中山基金會」等非官方機構，因此政府勢必無法允諾國臺辦來臺設立分支機構。但是基於對等互惠原則，如果海基會要在大陸設置分支機構，勢必需承諾予中共同樣權利，在臺設置對等機構，因此，政府應儘早推動完成相關立法，允許大陸人士來臺，而不受脫離共黨條件的限制。其中最先應開放的，是允許大陸記者來臺，長期擔負新聞報導工作，相對的，我方亦可做對等要求。至於其他相關問題，如海峽兩岸報刊是否可對等交流，學者是否可公開互訪等問題，也應及早做成決策，由海基會負責執行工作。唯有如此，海基會的功能才能眞正發揮，而臺海兩岸良性溝通的原則，也才會眞正落實。

最後，我們希望海基會能繼續努力，將此次訪大陸之行所獲得各種經驗做仔細的檢討，並爲後續的工作，擬訂具體方針，使臺海兩岸因交流而滋生的各種問題，及早經由制度化的管道而予以化解。

由「鷹王輪」事件看大陸政策的決策問題

民國八十年六月十七日

針對巴拿馬籍「鷹王號」貨輪事件，行政院陸委會於日昨做成三項結論：㈠六名隨船來臺的中共人員，經查證確爲大陸厦門海關人員，且係執行查緝走私任務。㈡六名海關人員及其裝備決定予以遣返，方式則由海基會與大陸有關當局聯繫決定。㈢對於「鷹王號」貨輪，將在取得船長自述補齊資料後，依國際公法規定儘速決定處理方式。

關於「鷹王號」的處理方式，目前國內的國際公法學者抱持兩種不同意見。第一種認爲由於我方接獲「鷹王號」求救，以爲係海上強盜事件而介入，造成中共對該輪走私行爲之緊追權中斷。我方處理方式固然無誤，但現在既然已經查明原委，卽應將該輪交由中共處理。第二種看法則認爲，既然「鷹王號」已進入我方港口，中共業已失去緊追權與管轄權，因此我方不應考慮將該輪交還中共當局，而應由我政府自行處理。

但是，儘管對該輪處理方式的意見有異，但國人卻已對大陸海關人員的處理方式達成共識。亦卽，我政府應儘速將六位緝私人員送返大陸。這不但是對不久前的「三保警」事件的一項回應，而且也可對海峽兩岸可能層出不窮的相關問題，建立起良性的模式，以利日後的問題處理。

但是，我們認爲除了上述兩項問題外，此一事件也凸顯了其他幾項亟待解決的問題：

首先，是有關單位並未儘速將此案報告主管的大陸事務委員會，而僅通知不具官方身分的海峽交流基金會，陸委會則在三小時後才接獲通知。這顯示政府內部的資訊管道仍存在著嚴重的問題。尤其是在大陸事務日顯重要的今天，這種行政體制上的疏忽，實在是必須儘早彌補的。

其次，在「鷹王號」事件發生之後，立法院預算、財政、經濟三委員會日昨在審核陸委會追加預算案時，發生了多位立委與海基會秘書長陳長文先生間的爭執事件。由於陳長文先生所簽的身分是「社會人士」，引起部分立委不悅，認爲他藐視國會，事後又因陳長文未再參與下午的預算審查會，造成到場八位立委共同發表「譴責聲明」，指責陳長文藐視立法院，並要求陸委會撤銷陳長文的海基會秘書長一職。

由於部分立委與海基會秘書長之間的關係惡化，今後兩者間的互動關係將不容樂估。海基會本身雖係基金會組織，但受到陸委會的指揮，自難避免立法院的監督。現在卻因海基會秘書長的身分及地位問題，造成雙方的不和，這顯示此中的人事問題及制度性因素，都是不易化解的。

我們認爲，執政黨方面應立卽出面，與立委（黨籍及在野黨籍）共同洽商，爲海基會的有關人員之身分及地位，做出妥善的安排，今後卽循此一模式而繼續運作。這一方面可以使不必要的紛爭及早消弭，另一方面也可提振海基會的士氣，以免造成該會執事者意志消沈，反而妨礙了對中共方面的工作進度。

另外，由於陸委會主委方才接事，與各部會首長間之關係還在摸索之中。目前各部會首長雖然均甚表支持，但長久下去，是否仍會熱心參與，或僅僅派副首長參加，也是有待觀察的。但無論如何，凡是有關大陸及兩岸互動的事務，陸委會均應係首先被告知者，而不可成爲事後延遲的告知者。這乃是發揮陸委會功能不可或缺的要件之一。

再者，陸委會中的執事人員，目前還未補齊，部分單位的主管甚至還在懸缺之中，這勢必影響到陸委會的工作績效，也必須儘速解決此一困境。

最後，我們希望政府儘速將六位大陸緝私人員送返大陸，表現出泱泱大度，而不要予人事事拖延，小裏小氣的印象。尤其是和三保警事件拖延甚久的前例相較，政府更應以良性互動爲前提，絕不要讓中共藉機做文章，藉程序上的枝節問題，造成負面的印象。我們相信，只要政府及海基會儘速處理此案，並尋得合理合情的解決方案，本案將會成爲良性互動的楷模，並爲海峽兩岸的關係，帶來積極的影響。

從「閩獅漁號」到「金冠號」的政治及法律糾結

——兩岸交流所凸顯的問題

民國八十年八月二十五日

中共紅十字會副秘書長曲折及記者等一行四人，日昨已離臺返回大陸，也使此次「閩獅漁號」事件的發展，告一段落。雖然經過了複雜而曲折的協調過程，但此一事件終於以和諧收場，也算是一段佳話。而主掌此一事務的海基會及陸委會官員，備爲辛勞，終於完成任務，也是値得讚許的。

但是，在此一事件暫告一段落之後，我們卻面臨著更爲複雜的兩岸新情勢，而且隨著我方漁船「金冠號」兩位漁民的被捕，「閩獅漁號」所提供的解決範例，可能是對我方不利的。其中原因在於：

㈠我方堅持的原則是法律案件必須尊重對方主權，只准到對方領土上「探視」，但卻不准「商量案情」。換言之，「金冠號」漁民的司法審理過程，我方將完全無置喙餘地，而只有聽任中共司法當局的「全權處理」，甚至可能聽任對方獅子大開口，予取予求。

㈡雖然在「閩獅漁號」事件的處理上，我方的確佔了上風，但眞正原因則是漁民扣在我方手上。但在臺海之間的總體客觀情勢上，我方卻是居於劣勢。因此，中共今後可以很輕易的逮捕我方漁船（甚至是商船），而且很容易就以非法走私等理由加以處理，在我方所提供的「尊重主權」、「尊重司法」前提下，中共方面儘可提出高額的賠償要求，結果勢必造成我方難於交涉的情況。

㈢由六四天安門事件及最近華東的水患，我們可以清楚的了解，在大陸人的生命價值往往是不受重視的。因此，在中共高層領導人眼裏，幾十位漁民的生命及安全並不是太大不了的事情。但是，如果同樣的事情發生在臺灣，民意的壓力與對生命價值及尊嚴的不同考慮，卻會使同樣的事情變得十分嚴重，並成爲政府施政上的一大難題。基於此，所謂的對等原則，只能是在衡量情勢下的一種原則性考慮，兩岸間所有類似的事件，都不可能是眞正對等的。很顯然的，我方主事者對此一原則問題是有誤解的，並且過分拘泥於形式上、法律上的對等，卻忽略了更重要的政治及戰略問題。

㈣目前兩岸漁民間客觀的存在走私、偷渡等不法行爲，而此一問題的眞正解決，絕不是單純的憑藉法律途徑就可達成。相反的，兩岸執政當局必須基於善意及互惠的原則，進行政治協商，才能眞正解決問題。當然，此種政治協商可以局限於功能性、事務性層面，而不涉及國家統一等高層問題，但處理此一事務，仍然必須包括通曉中共問題的政治專才，而不能僅以法律專家自限。換言之，兩岸間的關係及互動問題，基本上乃是政治問題，法律途徑只是在建立共識及互信之後的一種手段，但卻不可能取代政治解決途徑。

㈤海基會人員在此次折衝過程中採取強硬高姿態，認爲我方法律尊嚴不容侵犯，從涉外事務的角度看來，這種堅持是正確的。但是就對內效果而言，卻仍有不良影響，因爲在臺灣法律的尊嚴並未眞正確立，司法制度的公信力不高，「皇后的貞操」也經常受人質疑。而此次「閩獅漁號」的司法審理過程又未終結，過高的姿態及法律公正的保證，都不應由行政體系代爲提出。因此今後若要提振司法權威，應由司法當局本身出面表示，若由其他體系出面代爲發言，反有違制衡及獨立原則。更具體的說，我們認爲若中共方面要求我方釋放涉案漁民，則應由司法當局主動出面回應，而不宜由行政當局作主張。

㈥任何的協商折衝，都必須堅持原則，同時兼顧可能引發的後果。因此，在堅持原則的同時，切忌讓枝節問題妨害了雙方尋求共識的大前提，尤其不可使對方走上攤牌的局面，造成新的緊張關係。在此次談判折衝過程中，中共方面的確展現了許多小伎倆、小手段，令人不得不多所提防。但是我方似乎也太拘泥於一些細節問題，包括限制爲幾天幾夜，堅持透過電視訪視留在金門的漁民等問題，均顯得形式主義，見秋毫而不見輿薪。

總之，我們認爲「閩獅漁號」事件雖然已經告一段落，但卻不應成爲我方今後處理此類事件的「範例」。我們同時願誠懇的提出下列的建議：

第一，今後在海基會與陸委會機構中，應延攬眞正通曉大陸事務的專才，而不單應由法律專家主其事。法律專家應專門負責技術性事務，卻不應承擔責任過重的政治判斷事務。

第二，主其事的人員，應熟讀有關中共談判的各種資料及著作，唯有深入體會對方的心境，了解其心態及處事原則，才能制敵機先，而不陷入自己的主觀情境，甚至壞了大事。

第三，應積極培養處理大陸事務的專才，並廣泛與海外民運人士接觸，方能增加對大陸事務的眞實了解。

第四，對漁業界、商界及社會大衆開設訓練班或講習會，廣泛的傳授相關資訊，使各行各業均能了解到大陸事務的複雜性，並了解其歷史背景及當前發展狀況，避免做出錯誤判斷。

最後，我們希望朝野各界都能平心靜氣的面對大陸情勢，不陷於情緒或情結，也不要自滿自傲。相反的，唯有在既關懷大陸同胞，又正視中共強敵的現實基礎上，淸楚的面對來自大陸的壓力及威脅，並尋求自立自強的大陸政策，才是保障全民福祉與國家利益的正途。

中介團體的前景

民國七十九年十一月二十日

行政院研考會副主委高孔廉，日昨表示，政府即將授權成立的兩岸中介團體，如果運作順利，而且中共方面也有善意來往的話，政府會考慮提昇這個中介團體爲半官方或官方的組織。

對於上述的說法，基本上我是持贊成態度的。但是問題在於中共方面的態度，一向是反反覆覆，而且始終堅持一切應由其主導，經常以一些「小動作」，如更改談判地點、時間等，搞得不勝其煩，因此我無法十分樂觀的期待此一中介組織今後能輕易的發揮它的應有功能。至於它能在多久時間之後提昇爲官方或半官方機構，就更難逆料了。

但是，至少在我政府這一部分，卻有許多工作是可以做得更爲完善。舉例來說，下列幾個方向的考慮就不能忽略：

第一，目前中介團體（兩岸交流基金會）已正式募款，基金目標爲十億。而且已決定董事會成員爲三十一人，企業界人士佔一半以上，每一大企業今後將認捐一千萬至四千萬不等的款項。但是，上述的作法顯然已陷入「經濟掛帥」的迷思，它卻忽略了，對中共而言，眞正有說服力和權威性的人物，絕不是臺灣的大富豪們，相反的，同爲海峽兩岸重視的科技文化界人士（如李遠哲、丁肇中、李政道、吳健雄等人）以及香港、海外的華人領袖，才是可能對中共當局產生說服力的「權威資源」。但是，政府有關單位在做規劃工作之際，卻缺乏這樣的遠見和氣魄承當，這也就使得中介團體的格局受限。

第二，今後中介團體必須擔負各項功能性、事務性的談判任務，以我國目前對中共方面的了解而論，適當的談判人才實在是極爲缺乏的，因此日後必須積極的訓練談判人才，並網羅各方專家（不能僅以中共專家爲限，而且應包括許多經貿、科技、文化專才），組成各種功能編組，隨時對中介團體提出具體的建議。另外，中介團體本身也應以沙盤推演方式，預作談判演練，方能減少頓挫，或形成失利及失控的局面。

第三，在中介團體升格爲官方或半官方機構之前，政府應對其充分授權。因此，不僅大陸事務委員會與中介團體間應充分溝通，而且其他機關與中介團體間也必須密切聯繫。但是以目前政府各機關間文官體系各自爲政，政務官之間亦不時出現溝通障礙的情況看來，這樣的理想局面，一時間還難以出現。因此，如何避免事權不統一、政出多門、無法統籌行事的困局，特別需要執政當局深切研判，否則中介團體的發展前景就將面臨困阨了。

滄海叢刊書目（一）

國學類

哲學類

墨子的哲學方法	鐘友聯 著
韓非子析論	謝雲飛 著
韓非子的哲學	王邦雄 著
法家哲學	姚蒸民 著
中國法家哲學	王讚源 著
二程學管見	張永儁 著
王陽明——中國十六世紀的唯心主義哲學家	張君勱原著、江日新中譯
王船山人性史哲學之研究	林安梧 著
西洋百位哲學家	鄔昆如 著
西洋哲學十二講	鄔昆如 著
希臘哲學趣談	鄔昆如 著
近代哲學趣談	鄔昆如 著
現代哲學述評㈠	傅佩榮編譯
中國十九世紀思想史(上)(下)	韋政通 著
存有・意識與實踐——熊十力《新唯識論》之詮釋與重建	林安梧 著
先秦諸子論叢	康端正 著
先秦諸子論叢（續編）	康端正 著
周易與儒道墨	張立文 著
孔學漫談	余家菊 著
中國近代哲學思想的展開	張立文 著
近代哲學趣談	鄔昆如 著
現代哲學趣談	鄔昆如 著

宗教類

天人之際	李杏邨 著
佛學研究	周中一 著
佛學思想新論	楊惠南 著
現代佛學原理	鄭金德 著
絕對與圓融——佛教思想論集	霍韜晦 著
佛學研究指南	關世謙 譯
當代學人談佛教	楊惠南編著
從傳統到現代——佛教倫理與現代社會	傅偉勳主編
簡明佛學概論	于凌波 著
修多羅頌歌	陳慧劍 著

禪話	周中一 著

自然科學類

異時空裡的知識追求——科學史與科學哲學論文集	傅大爲 著

社會科學類

中國古代游藝史——樂舞百戲與社會生活之研究	李建民 著
憲法論叢	鄭彥棻 著
憲法論衡	荊知仁 著
國家論	薩孟武 譯
中國歷代政治得失	錢穆 著
先秦政治思想史	梁啟超原著、賈馥茗標點
當代中國與民主	周陽山 著
釣魚政治學	鄭赤琰 著
政治與文化	吳俊才 著
中國現代軍事史	劉馥著、梅寅生 譯
世界局勢與中國文化	錢穆 著
海峽兩岸社會之比較	蔡文輝 著
印度文化十八篇	糜文開 著
美國的公民教育	陳光輝 譯
美國社會與美國華僑	蔡文輝 著
文化與教育	錢穆 著
開放社會的教育	葉學志 著
經營力的時代	青野豐作著、白龍芽 譯
大眾傳播的挑戰	石永貴 著
傳播研究補白	彭家發 著
「時代」的經驗	汪琪、彭家發 著
書法心理學	高尚仁 著
清代科舉	劉兆璸 著
排外與中國政治	廖光生 著
中國文化路向問題的新檢討	勞思光 著
立足臺灣，關懷大陸	韋政通 著
開放的多元化社會	楊國樞 著
臺灣人口與社會發展	李文朗 著

日本社會的結構	福武直原著、王世雄	譯
財經文存	王　作　榮	著
財經時論	楊　道　淮	著

史地類

古史地理論叢	錢　　　穆	著
歷史與文化論叢	錢　　　穆	著
中國史學發微	錢　　　穆	著
中國歷史研究法	錢　　　穆	著
中國歷史精神	錢　　　穆	著
憂患與史學	杜　維　運	著
與西方史家論中國史學	杜　維　運	著
清代史學與史家	杜　維　運	著
中西古代史學比較	杜　維　運	著
歷史與人物	吳　相　湘	著
共產國際與中國革命	郭　恒　鈺	著
抗日戰史論集	劉　鳳　翰	著
盧溝橋事變	李　雲　漢	著
歷史講演集	張　玉　法	著
老臺灣	陳　冠　學	著
臺灣史與臺灣人	王　曉　波	著
變調的馬賽曲	蔡　百　銓	譯
黃　帝	錢　　　穆	著
孔子傳	錢　　　穆	著
宋儒風範	董　金　裕	著
弘一大師新譜	林　子　青	著
精忠岳飛傳	李　　　安	著
唐玄奘三藏傳史彙編	釋　光　中	編
一顆永不殞落的巨星	釋　光　中	著
新亞遺鐸	錢　　　穆	著
困勉強狷八十年	陶　百　川	著
我的創造・倡建與服務	陳　立　夫	著
我生之旅	方　　　治	著

語文類

文學與音律	謝　雲　飛	著

中國文字學	潘重規	著
中國聲韻學	潘重規、陳紹棠	著
詩經研讀指導	裴普賢	著
莊子及其文學	黃錦鋐	著
離騷九歌九章淺釋	繆天華	著
陶淵明評論	李辰冬	著
鍾嶸詩歌美學	羅立乾	著
杜甫作品繫年	李辰冬	著
唐宋詩詞選——詩選之部	巴壺天	編
唐宋詩詞選——詞選之部	巴壺天	編
清眞詞研究	王支洪	著
苕華詞與人間詞話述評	王宗樂	著
元曲六大家	應裕康、王忠林	著
四說論叢	羅盤	著
漢賦史論	簡宗梧	著
紅樓夢的文學價值	羅德湛	著
紅樓夢與中華文化	周汝昌	著
紅樓夢研究	王關仕	著
中國文學論叢	錢穆	著
牛李黨爭與唐代文學	傅錫壬	著
迦陵談詩二集	葉嘉瑩	著
翻譯散論	張振玉	著
西洋兒童文學史	葉詠琍	著
一九八四	George Orwell 原著 劉紹銘	譯
文學原理	趙滋蕃	著
文學新論	李辰冬	著
分析文學	陳啟佑	著
解讀現代、後現代——文化空間與生活空間的思索	葉維廉	著
中西文學關係研究	王潤華	著
魯迅小說新論	王潤華	著
比較文學的墾拓在臺灣	古添洪、陳慧樺	主編
從比較神話到文學	古添洪、陳慧樺	主編
神話即文學	陳炳良等	譯
現代文學評論	亞菁	著
現代散文新風貌	楊昌年	著

現代散文欣賞	鄭明娳	著
實用文纂	姜超嶽	著
增訂江皋集	吳俊升	著
孟武自選文集	薩孟武	著
藍天白雲集	梁容若	著
野草詞	韋瀚章	著
野草詞總集	韋瀚章	著
李韶歌詞集	李韶	著
石頭的研究	戴天	著
留不住的航渡	葉維廉	著
三十年詩	葉維廉	著
寫作是藝術	張秀亞	著
讀書與生活	琦君	著
文開隨筆	糜文開	著
印度文學歷代名著選(上)(下)	糜文開	編著
城市筆記	也斯	著
歐羅巴的蘆笛	葉維廉	著
移向成熟的年齡1987～1992詩	葉維廉	著
一個中國的海	葉維廉	著
尋索：藝術與人生	葉維廉	著
山外有山	李英豪	著
知識之劍	陳鼎環	著
還鄉夢的幻滅	賴景瑚	著
葫蘆・再見	鄭明娳	著
大地之歌	大地詩社	編
往日旋律	幼柏	著
鼓瑟集	幼柏	著
耕心散文集	耕心	著
女兵自傳	謝冰瑩	著
抗戰日記	謝冰瑩	著
給青年朋友的信(上)(下)	謝冰瑩	著
冰瑩書柬	謝冰瑩	著
我在日本	謝冰瑩	著
大漢心聲	張起鈞	著
人生小語㈠～㈣	何秀煌	著
記憶裏有一個小窗	何秀煌	著

回首叫雲飛起	羊令野　著
康莊有待	向　陽　著
湍流偶拾	繆天華　著
文學之旅	蕭傳文　著
文學邊緣	周玉山　著
文學徘徊	周玉山　著
種子落地	葉海煙　著
向未來交卷	葉海煙　著
不拿耳朵當眼睛	王讚源　著
古厝懷思	張文貫　著
材與不材之間	王邦雄　著
忘機隨筆	王覺源　著

美術類

音樂人生	黃友棣　著
樂圃長春	黃友棣　著
樂苑春回	黃友棣　著
樂風泱泱	黃友棣　著
樂境花開	黃友棣　著
音樂伴我遊	趙　琴　著
談音論樂	林聲翕　著
戲劇編寫法	方　寸　著
戲劇藝術之發展及其原理	趙如琳譯著
與當代藝術家的對話	葉維廉　著
藝術的興味	吳道文　著
根源之美	莊　申　著
扇子與中國文化	莊　申　著
水彩技巧與創作	劉其偉　著
繪畫隨筆	陳景容　著
素描的技法	陳景容　著
建築鋼屋架結構設計	王萬雄　著
建築基本畫	陳榮美、楊麗黛　著
中國的建築藝術	張紹載　著
室內環境設計	李琬琬　著
雕塑技法	何恆雄　著
生命的倒影	侯淑姿　著
文物之美——與專業攝影技術	林傑人　著